Der Autor

Osman Engin wurde am 25. 9. 1960 in der Türkei geboren und lebt seit Anfang der siebziger Jahre in Bremen. Seine Studium der Sozialpädagogik schloß er mit dem Diplom ab. Seit 1983 veröffentlicht Osman Engin monatlich eine Satire in der Stadtillustrierten BREMER. Auch andere Zeitungen und Zeitschriften, u. a. TITANIC und TAZ, wurden auf den deutsch schreibenden türkischen Autor aufmerksam und veröffentlichten seine Satiren. Als Bücher erschienen bisher: «Deutschling» und «Alle Dackel umsonst gebissen».

© Latif Demirci

Der Zeichner

Latif Demirci, Jahrgang 1961, gehört zu den bekanntesten jüngeren Karikaturisten der Türkei. Von 1975 bis 1989 arbeitete er bei der Satire-Zeitschrift GIRGIR. Seit 1989 zeichnet er für das neue satirische Magazin HIBIR. Latif Demirci veröffentlichte in seiner Heimat bisher drei Karikaturen-Bücher: «The Selamin Aleyküm», «Yes Problem» und «Nostaljisi Kandilli».

© by Orhan cakir

Osman Engin

Der Sperrmüll-Efendi

Geschichten zum Lachen

Mit Karikaturen von
Latif Demirci

Rowohlt

rororo tomate
herausgegeben von Klaus Waller

Originalausgabe
Veröffentlicht im Rowohlt Taschenbuch Verlag GmbH,
Reinbek bei Hamburg, August 1991
Copyright © für die Buchausgabe 1991 by Rowohlt Taschenbuch Verlag,
Reinbek bei Hamburg
Copyright © für die einzelnen Texte 1991 by Osman Engin
Umschlaggestaltung Barbara Hanke
Umschlagillustration Latif Demirci
Satz Sabon Postskript Linotype Library,
PM 4.0, Jung Satzcentrum GmbH, Lahnau
Druck und Bindung Clausen & Bosse, Leck
Printed in Germany
780-ISBN 3 499 12916 7

Inhalt

Osman der Gelbe

Ich habe leichten Schnupfen, meine Familie besteht darauf, daß ich den Arzt aufsuche.

«Allah beschütze dich, man kann ja nie wissen.» Noch am selben Tag bin ich in der Praxis, und der Arzt bestellt mich für eine Blutuntersuchung am nächsten Morgen. Nachdem der Arzt sein Blut hat, darf ich wieder gehen und soll in drei Tagen wiederkommen. Bis dahin haben sie die Ergebnisse. Nach drei Tagen begrüßt mich der Arzt mit sehr nachdenklichem Gesicht.

«Herr Engin, wir wollen nicht drumherumreden. Sie sind offensichtlich schwer krank. Sie müssen noch heute ins Krankenhaus.»

Ich bekomme fürchterliche Angst. Welche Sorgen doch ein einfacher Schnupfen bereiten kann.

Ich packe meine Sachen und gehe zum Krankenhaus. Dort übergebe ich an der Pforte den Brief meines Hausarztes. Kaum habe ich mich versehen, sitz' ich bereits in einem vergitterten Einzelzimmer und darf mit Besuchern nur über das Telefon sprechen. Von der Krankenschwester erfahre ich, daß ich eine ganz gefährliche, ansteckende Krankheit haben soll. Allein der Name bringt den Tapfersten zum Zittern: Hepatitis epidemica. Für einfachere Menschen hat diese Krankheit auch einen Namen: Gelbsucht.

Wie dem auch sei, die Krankheit ist auf jeden Fall fürchterlich. Die Ärzte rennen in mein Zimmer aus und ein und haben nur eins im Sinn: mein Blut! In meinem Zimmer herrscht ein Ansturm auf mein Blut wie beim Sommerschlußverkauf. Wenn das so weitergeht, kann ich die gewünschten Blutmengen nicht mehr liefern.

Ein naher Verwandter ruft mich am Abend an: «Es wird dich wahrscheinlich nicht interessieren, da du in kürze vermutlich wieder gesund sein wirst, aber ein Onkel und eine Schwägerin von dir sind genau an dieser Krankheit gestorben.»

Meine Familie weiß mich wirklich zu trösten.

Die Stationsschwester steckt ein Thermometer unter meine Achsel und geht. Offensichtlich habe ich Fieber. Nach einer Viertelstunde kommt die Schwester wieder. Ich schaue sofort auf mein Thermometer. «Wie hoch ist Ihre Temperatur?»

«93 Grad», rufe ich stolz.

Sie nimmt das Thermometer an sich und dreht es herum. «So hält man das, 36 Grad haben Sie. 36,4.»

«Das ist besser als 93, nicht wahr?»

«Ja, etwas besser ist es schon.»

Mein Zimmer im Krankenhaus ist für Gelbsüchtige reserviert. Hier ist alles gelb. Nicht nur Wände, Gardinen und Blumenvase. Täglich wird man mit Orangensaft und Butterkuchen vollgestopft. Selbst ein Chinese würde hier gelbsüchtig werden. Drei Tage später steht ein neuer Arzt vor meinem Bett. «Wieso liegen Sie denn hier?»

«Ich mache Urlaub. Ein Hotel ist mir zu teuer», antworte ich.

Aber dann kommen mir doch Bedenken. Ich habe eine große, wichtige Krankheit, und in dieser Situation darf ich keine Witze mehr machen. Ich besinne mich und spreche mit zittriger Stimme.

«Tun Sie doch nicht so, als wenn Sie nicht wüßten, welche fürchterliche Krankheit in mir wütet.»

Der Arzt schaut immer wieder auf meine Papiere in seinen Händen. Nach dieser gründlichen Untersuchung meiner Blutwerte auf den Papieren schaut er mich kurz an und sagt: «Ich kann bei Ihnen absolut nichts finden. Nach den Werten, die wir hier haben, sind Sie kerngesund.»

Ich schaue tief in seine Augen.

«Herr Doktor, Sie brauchen mich nicht zu trösten, ich bin über meine entsetzliche Krankheit genau im Bilde. Ich danke Ihnen aber trotzdem für diese nette Geste!»

«Verdammt noch mal! Sie sind überhaupt nicht krank. Sie haben hier im Krankenhaus überhaupt nichts zu suchen.»

Ich bin über so viel Respektlosigkeit gegenüber meiner Krankheit verärgert.

«Ich bleibe hier! Sie kriegen mich hier nicht raus! Ich erkläre dieses Krankenhaus für besetzt», schreie ich hinter ihm her.

Kaum ist der Arzt fort, kommen mir doch Zweifel. Vielleicht ist meine Krankheit doch nicht so schlimm, trotz des furchterregenden Namens. Diese Ungewißheit macht mich fertig.

Seit zehn Tagen sitze ich nun in diesem Käfig. Noch ein paar Tage, und ich werde in dieser gelben Hölle wie ein gelber Kanarienvogel zu zwitschern anfangen! Meine Langeweile wird selbst von den Ärzten bemerkt. Um mich aufzuheitern, veranstalten sie ein wirklich amüsantes und spannendes Spiel mit mir.

Wie bereits erwähnt, wird mir täglich literweise Blut abgezapft. Genau wie bei Graf Drakula zu unmöglichen Uhrzeiten. Denn der Herr Graf treibt es nachts, und im Krankenhaus fällt man im Morgengrauen über die Opfer her. Im Gegensatz zu Herrn Graf Drakula rauben sie mir hier nicht nur literweise mein kostbares Blut, nein, sie untersuchen es auch noch. Und das Schöne dabei ist, daß sie jedesmal unterschiedliche Ergebnisse herauskriegen.

Am Dienstag kommt der Arzt rein und sagt: «Sie haben nicht mal Durchfall, was suchen Sie eigentlich hier.»

«Gute Frage. Ich war schon immer dagegen, hier rumzusitzen.»

Am nächsten Tag steht er mit betrübtem Gesicht vor meinem Bett.

«Ich muß Ihnen leider sagen, wie befürchtet sind wir auf ‹Hepatitis epidemica› gestoßen.»

«Gut», sage ich. «Dann bohren Sie … ich meine natürlich, suchen Sie nicht weiter.»

Einen Tag später ist die Hepatitis wieder entwischt. «Ihre heutigen Werte: Sie sind kerngesund!»

Ich bin stolz auf meine Hepatitis, sie ergibt sich nicht kampflos. Wenn die Schwestern Blut aus meinem Arm zapfen, versteckt sie sich in den Beinen. Die Tage, an denen sie erwischt wird, ist nur der unmöglichen Uhrzeit für das Blutabzapfen zuzuschreiben. So früh am Morgen ist jede Hepatitis noch zu schläfrig und unvorbereitet. Ich nehme es ihr nicht übel, mir geht es nicht anders. Das Spannende an der Sache ist, zu erraten, ob sie heute erwischt werden würde oder ob sie sich verstecken könnte.

«Hier sind zwei verschiedene Werte eingetragen», schreit der Arzt die Schwester an. «Welche Zahl ist nun richtig?» Also heute hat sich meine Hepatitis selbst übertroffen. Gleich zwei verschiedene Werte abzugeben. So ein raffiniertes Biest. Um meine Hepatitis zu bestrafen, holt der Arzt noch zwei weitere Ärzte in mein Krankenzimmer.

«Wir müssen leider nochmal Blut abnehmen.»

Sie hoffen, meine Hepatitis jetzt zu erwischen. «Bitte sehr, wenn Sie noch Blut in meinen Adern auftreiben können.»

Ich kann nicht zusehen, wenn Blut abgenommen wird, weil ich mich vor Spritzen fürchte. Mein Arm sieht wie ein Sieb aus, vermutlich können die Schwestern auch nicht hingucken. Ein Arzt untersucht meinen Rücken, ein anderer schaut mir in den Mund, und der Dritte kitzelt meine Füße.

«Spüren Sie das Kitzeln?»

«Husten Sie mal.»

«Sagen Sie mal ‹AAAA›.»

«Tief Luft holen.»

«Aaaa, öhöhöh, öhö, hah, hah haaa, es kitzelt.»

Danach darf ich mich wieder hinstellen und soll ein paar Sportübungen vormachen.

«Ich wette, der ist gesünder als wir alle drei zusammen!»

«Ist in Ordnung, die Wette gilt», mische ich mich in das Fachgespräch ein. «Um was wetten wir denn?»

Das nächste Mal kommt der Arzt sehr respektvoll in mein Zimmer herein. Ich bin sofort im Bilde. Entweder habe ich mit meinen Geschichten den Literatur-Nobelpreis gewonnen, oder mir wurde soeben der Friedenspreis zugesprochen. Immerhin liege ich schon so viele Tage friedlich in meinem Käfig. «Herr Engin, wir glauben, daß sie die ‹Mapus Meulengrab› haben.»

«Nein», antworte ich, «so was habe ich nicht!»

«‹Mapus Meulengrab› ist eine Krankheit, die ein Holländer gleichen Namens entdeckt hat. Eine sehr seltene Erbkrankheit. Ich muß aber dazu sagen, daß nur sehr intelligente Menschen so was haben.»

Ich weiß schon länger, daß ich ein Genie bin. Endlich habe ich es schwarz auf weiß.

Drei Tage später kommt der Arzt mit einer neuen Nachricht. Er schaut beschäftigt in seine Unterlagen und murmelt: «Sie haben keine ‹Mapus Meulengrab›.»

Ich erzähle aber keinem Bekannten, daß ich sie nicht habe. Vielleicht habe ich sie ja doch. Auf jeden Fall reden die Ärzte nicht mehr mit mir, sondern unterhalten sich nur noch über meine Papiere.

Wenig später kommt die Oberin in mein Zimmer und packt meine Sachen zusammen.

«Ziehen Sie sich gefälligst an!» brüllt sie. Ich tue es. Vermutlich komme ich jetzt in ein anderes Krankenhaus. Die hier kommen mit meiner raffinierten Hepatitis einfach nicht klar. «Kommen Sie mit!» Ich gehe hinter ihr her. Als wir an der Pforte vorbei sind, stellt sie meine Tasche einfach auf die Straße.

«Sie können gehen», sagt sie. Aber in ihren Augen lese ich ihre wahre Meinung: «Hau ab, du Simulant, du Betrüger!» Diesen Menschen ist nicht klar, daß sie mich um meinen wichtigsten Besitz bringen würden: meine «Hepatitis epidemica».

Kaum zu Hause angekommen, rufe ich sofort meinen besten Freund an.

«Sei froh, daß es so gekommen ist», tröstet er mich. «Sie glaubten, du seist krank, deshalb behielten sie dich die ganze Zeit dort. Ich mag nicht daran denken, was sie alles mit dir angestellt hätten, wenn du in den Papieren für tot erklärt worden wärst.»

Obwohl auch ich daran gedacht hatte und mich deswegen riesig freue, erwidere ich trotzdem: «Nicht doch. Immer wenn der Arzt kam, bewegte ich mich ganz demonstrativ. Ich habe auch immer alles aufgegessen, was sie mir brachten. Das sind doch alles Anzeichen, die bei einem Toten unmöglich wären!»

«Das sind aber ganz kleine Symptome, die gegen deinen Tod sprechen. Wenn in den Unterlagen das Gegenteil gestanden hätte, wären sie alle gegenstandslos.»

Im Bewußtsein des grenzenlosen Glücks, die Unterlagen auf meiner Seite zu haben, beendete ich das Telefongespräch. Gleich danach klingelte wieder das Telefon. Es ist der Stationsarzt aus dem Krankenhaus.

«Ich rufe direkt aus dem Krankenhaus an, wir haben Ihren Hepatitis-Befund wiedergefunden. Sie müssen sofort zurückkommen.» Ich erbleiche. Mir schaudert vor der gelben Hölle. «Was? Treibt sich die Hepatitis dort jetzt alleine herum?»

«Ja. Sie müssen unbedingt wieder herkommen. Damit sich Ihre Hepatitis nicht auf andere Menschen überträgt.» Wenn sie fremdgeht, bin ich erledigt. Nicht daß ich eifersüchtig bin, aber ich ohne Hepatitis, Hepatitis ohne Osman – das wäre unmöglich. Meine Hepatitis kann so was nie ertragen, ich genausowenig. Ich sehe mich als der Prinz im Märchen, der gerufen wird, um seine arme, bildhübsche Braut aus den Klauen einer Räuberbande zu befreien. «Ich reite sogleich», rufe ich in die Muschel, «mit dem Schwert in der Hand!»

«Was machen Sie?» fragt der Arzt.

«Ich komme.»

«Gut, wir warten.»

Erst dann kommt mir der Gedanke, daß es diesmal durchaus passieren könnte, daß die Unterlagen gegen mich sind. Je bewußter mir dieser Gedanke wird, um so weniger fühle ich mich als tapferer Prinz, der unbedingt seine arme, bildhübsche Geliebte befreien muß. Dann habe ich auf einmal eine tolle Idee. Ich könnte einfach nur die Unterlagen zurückschicken. Die Ärzte untersuchen sowieso nur die Unterlagen. Die Patienten in den Betten sind nur lästig. Die Unterlagen benötigen auch viel weniger Platz. In einem Zimmer, in dem bisher zwei kranke Menschen liegen, würden mindestens zweitausend Kranke Platz haben. Die Ärzte würden nicht einmal merken, daß ich abwesend bin. Ich schicke umgehend alle Unterlagen ins Krankenhaus.

Zwei Monate später verspüre ich das Bedürfnis, im Krankenhaus anzurufen, um zu fragen, wie es mir geht. Der Arzt sagt: «Dem Herrn Engin geht es einigermaßen gut. Wir hoffen, ihn in etwa sechs Monaten entlassen zu können.»

Ich besuche mich öfter im Krankenhaus, ehe ich mich nach zwei Jahren endlich abholen kann.

Beim Abschied versichern mir die Ärzte, daß Osman Engin völlig gesund ist. Ich brauche mir um ihn nun keine Sorgen mehr zu machen. Tatsächlich, die Unterlagen sind nicht mehr so gelb, sie sind viel blasser geworden. Ich zeige meine volle Anerkennung für die Arbeit der Ärzte. Beim Gehen muß ich Osman Engin etwas unter die Arme greifen. Die Ärzte winken uns hinterher. Wir winken zurück.

Der Ehebrecher

Wie jeder gute Ehemann habe ich natürlich auch eine ‹Zweit-frau›. Schon gut, schon gut, das letzte Wort nehme ich natürlich sofort wieder zurück. Ich habe keine Lust, daß die Feministin-nen schon wieder vor meinem Haus demonstrieren. Den letzten Sitzstreik der gesamten Frauenbewegung – beide Frauen waren da – bei mir auf der Treppe habe ich in schlechter Erinnerung.

Also nochmal von vorne!

Ich korrigiere: Wie jeder gute Ehemann habe ich natürlich auch eine Geliebte. Das größte Problem bei solchen Abenteuern ist, daß man sich jedesmal neue geniale Ausreden einfallen las-sen muß. Ich habe das Buch ‹Ausreden für alle Lebenslagen. Besser elegant lügen als knallhart die Wahrheit sagen› genau studiert und alle Tips schon gebraucht. Zum Beispiel: ‹Ich will dir nicht bei der Hausarbeit im Wege stehen› oder ‹In unserer Fabrik gab's Bombenalarm. Zur Aufklärung rückte die Kripo an – stundenlanges Verhör! Bitte erspare mir Ähnliches!› oder ‹Was? Andere Frau? Denkst du, ich lad' mir 'ne zweite Schwiegermutter auf?›

Aber so oft, wie ich mich verspäte, kann sich kein Mensch etwas Neues einfallen lassen.

Jede Nacht, wenn ich spät nach Hause komme, empfängt mich meine Frau mit der klassischen Frage: «Osman, wo bist du so lange gewesen?» Wichtig dabei ist nur das erste Wort. Denn es verrät, wie wütend sie ist. An ihrer Wortwahl kann man genau ablesen, wie viele Stunden ich mich verspätet habe: «Osman, wo bist du so lange gewesen?» heißt, ich komme ungefähr eine Stunde zu spät, das Essen ist kalt, und meine Frau hat noch keine allzu schlechte Laune. «Mensch, wo bist du so lange gewesen?» heißt, ich bin zwei Stunden zu spät, die Besucher sind schon gegangen, und Tee gibt's auch keinen mehr. «Du verdammtes Mistschwein, wo hast du dich die ganze Zeit rumgetrieben?» bedeutet, ich bin mehr als fünf Stunden zu spät, und anstelle von Essen bekomme ich nur noch das Nudelholz aufs Maul. Dieses Nudelholz, mit dem sie rhythmisch auf meinen Kopf schlägt, benutzt sie, um dem Satz eine bessere Betonung zu geben. Manchmal läß sie den Satz ganz weg und spricht nur noch mit dem Nudelholz. Das bedeutet, ich bin zwei Tage zu spät und habe Lippenstiftspuren im Gesicht.

Ich sammle dann meinen ganzen Mut und alle Kreativität zusammen und rufe:

«Oooo, du mein Engel. Du schönste Rose des Orients. Oooo, du Mutter der prächtigsten Geschöpfe unter Allahs Sonne, nämlich meiner heißgeliebten Kinder. Ooo, du Vorbild aller türkischen Ehefrauen, des Kontinents, der ganzen Welt, des Sonnensystems, der Milchstraße und des ganzen Universums. Halt ein, dein Zorn trifft ein unschuldiges Opfer. Ich mußte einen stehengebliebenen Trabi anschieben.»

«Und das zwei Tage lang?» schreit sie zurück.

«Ja, bis nach Leipzig eben. Das ist ganz schön weit.»

«Und wo kommt der Lippenstift her?»

«Das war ein Polizist. Der hat sich über meine Hilfsbereitschaft so gefreut, daß er mir spontan einen Kuß gegeben hat.»

«Ein Polizist mit Lippenstift?!»

«Bei Allah, Frau! Seit der Wende ist alles erlaubt in der Ex-DDR.»

«So so, hört hört, ach ja, wirklich?»

«Ich mußte den Wagen anschieben. Der Mann hatte vergessen, seinen Herd abzustellen. Jeden Moment hätte seine Wohnung in Flammen aufgehen können. Weißt du eigentlich, was das bedeutet bei dem Orkan, den wir jetzt ständig haben? Das Feuer hätte die Nachbarhäuser zerstört. Ganz Leipzig war in

Gefahr. Sollten denn die ganzen neuen Bundesländer in Schutt und Asche enden? Frau, wie kannst du nur so herzlos sein? Diese Deutschen von drüben sind doch unsere Verwandten!»

«Die von drüben sind mit uns verwandt? Warum? Wieso?»

«Ooo Frau, wie kannst du nur vergessen, unser Sohn Recep hat doch Helga geheiratet, diese Ostfriesin. Seitdem sind wir Schwiegereltern von allen Deutschen. So jedenfalls ist es im Grundgesetz verankert.»

Ein anderes Mal, als sie mich wieder mit Verärgerungsstufe drei fragte: «Du verdammtes Mistschwein, wo hast du dich die ganze Zeit rumgetrieben?», da sagte ich: «Ich bin fischen gegangen.»

«Erzähl nicht so einen Quatsch. Du bist noch nie angeln gewesen.»

«Doch! Als ich gestern an einem Anglerladen vorbeikam, da sprach eine innere Stimme zu mir, Osman, du mußt fischen gehen.»

«Aber du magst doch überhaupt keinen Fisch. Du hast in deinem ganzen Leben noch nie Fisch gegessen.»

«Aber ich angle die Fische doch nicht, um sie zu essen. Man muß doch nicht gleich alles aufessen, was man fängt. Glaubst du, jeder, der auf der Wiese Schmetterlinge fängt, sammelt die Viecher, um sie dann aufzuessen? Bei Allah, auf welche Ideen diese Frau gleich kommt. Du hast die verrücktesten Gedanken. Womöglich denkst du sogar – Allah behüte –, ich wäre heute Nacht mit einer anderen Frau zusammengewesen?»

«Ich gestehe, Osman, nach zwei Tage Warten kam ich auf solche absurden Ideen. Ich weiß nicht, was über mich gekommen ist. Ich schäme mich für meine Gedanken. Osman, kannst du mir diese Sünde jemals verzeihen?»

«Na gut! Ich verzeihe dir. Komm, zieh dich an. Um dir zu beweisen, daß ich keine andere Frau außer dir liebe, gehen wir ins Restaurant essen.»

«Osman, du bist ein Schatz. Wir waren doch erst vor kurzem auswärts essen. So vor drei Jahren etwa.»

«Stimmt! Aber du sollst auch nicht leben wie ein Hund.»

Als wir im türkischen Restaurant sind, sage ich zu ihr: «Wenn die Raten von unserem Kredit endlich abgezahlt sind, dann können wir es uns sogar leisten, jedes Jahr einmal essen zu gehen.» Meine Frau bestellt beim Kellner die ‹Girosplatte Oslo›, das Gericht mit der Nummer 37. Der Kellner zündet elegant die Kerze auf unserem Tisch an und sagt dann höflich zu meiner Gattin: «Gnädige Frau, diese ‹Girosplatte Oslo› kann ich Ihnen nicht unbedingt empfehlen. Es ist einfach zuviel. Sie können bestimmt nicht alles aufessen. Die anderen Frauen, die mit Osman gestern, vorgestern und die letzte Woche hier waren, haben diese Girosplatte auch immer nur bis zur Hälfte geschafft.»

Bei Allah, was erzählt er denn da?! Hat der Kerl ein Glück, daß ich heute kein Messer oder Chemiewaffen bei mir habe. Ich hasse alle Kellner. Was hat dieser Hundesohn gegen mich? Vielleicht hätte ich ihm letztes Mal doch ein bißchen Trinkgeld geben sollen?! Weiter komme ich mit meinen Gedanken nicht. Meine Frau hämmert ununterbrochen die neu angezündete Kerze samt ihrem schweren Ständer auf meinen Schädel. Kurz bevor ich ohnmächtig werde, knalle ich diesem Kellner meine Meinung brutal ins Gesicht: «Damit Sie Bescheid wissen, dieser Kerzenständer geht auf Kosten des Hauses!!»

Der Sperrmüll-Efendi

Kennt jemand von Euch Süleyman Efendi? – Nein? Als ich damals nach Deutschland kam, wohnte er bereits in unserer Straße. Um allen Irrtümern vorzubeugen, er ist keinesfalls verwandt oder verschwägert mit Kara Ben Nemsi Efendi alias Karl May. Efendi zu sein bedeutet, ein ‹richtiger Herr› zu sein. Und Süleyman Efendi ist so ein richtiger Herr. Er ist dick, er ist alt, aber das Wichtigste ist: er ist eine angesehene Persönlichkeit. Dick zu werden habe ich geschafft, ohne es eigentlich zu wollen. Älter auszusehen ebenso, dafür habe ich den richtigen Beruf. Aber mit meinem Ansehen, da hapert es gewaltig. Wenn diese Frau Meierdierks von gegenüber nicht wäre, dann würde ich vielleicht doch nicht so auf mein Ansehen bestehen. Aber diese hübsche Frau Meierdierks würdigt mich nicht mal eines Blickes. Selbst ihr Dackel Tina ignoriert mich.

Aber mit Süleyman Efendi unterhält sie sich stundenlang auf der Straße. «Guten Tag wünsche ich Ihnen, gnädige Frau Meierdierks. Ich, Ihr ergebener Süleyman Efendi, grüße Sie heute (er schaut auf seinen Kalender), Donnerstag, 12. 11., um (er schaut zu seiner Uhr) 17 Uhr 15, von ganzem Herzen!» Frau Meierdierks lächelt etwas gequält und murmelt: «Mein Gott, diese Nervensäge schon wieder!»

«Liebe Frau Meierdierks, all diese lauwarmen Regentropfen, die unsere Haut benetzen, erinnern mich an allerliebste Frühlingssymphonien, und dadurch werde ich immer so unendlich romantisch.»

«Und ich werde dadurch immer klatschnaß. Hauen Sie ab, Mann!»

Ich war völlig verzweifelt, daß ich es nicht schaffte, mit der wundervollen Frau Meierdierks ein vergleichbar geistreiches Gespräch zu führen. Ich war drauf und dran, mich in die Weser zu schmeißen, um eines jämmerlichen Todes zu sterben – durch Vergiften. Doch dann kam mir der rettende Gedanke, Ansehen direkt beim Fachmann von Grund auf zu erlernen. Und zwar bei Süleyman Efendi, bei wem sonst? Am Abend, als er gerade das türkische Café verließ, habe ich ihn erwischt. «Lieber Süleyman Efendi, ich muß unbedingt wissen, wie es Ihnen gelungen ist, so angesehen zu sein, insbesondere bei Frau Meierdierks. Wenn Sie meinen, es läge nur am möglichst dicken Bauch, hier, den habe ich auch. Oder wenn Sie meinen, es käme drauf an, möglichst alt auszusehen, dann schauen Sie mir bitte ins Gesicht. Aber trotzdem bin ich nicht so angesehen wie Sie.»

«Gut, Osman. Ich will es erzählen. Weißt du, was ‹Sperrmüll› ist?»

«Aber natürlich weiß ich das, hochverehrter Süleyman Efendi. Schließlich habe ich mein neues Sofa vom Sperrmüll in unserer Straße geholt. Passen fünf Leute drauf.»

«Das war ein riesengroßer Fehler, Osman. Von dem Sperrmüll, der in der eigenen Straße liegt, darfst du niemals etwas anfassen. Ja, du darfst, wenn du morgens zur Arbeit gehst, nicht mal einen Blick auf den Sperrmüll werfen. Denn in Deutschland gilt nur der etwas, der viele teure Sachen benutzt und sie möglichst schnell wieder wegwirft, um neue Geräte zu kaufen. Du aber stöberst stundenlang in deinem Stadtviertel wie ein Straßenköter in den weggeworfenen Sachen rum. Wie willst du denn so jemals zu Ansehen gelangen? Du darfst nur in dem Sperrmüll rumwühlen, der ganz weit weg von deinem Wohngebiet liegt. Da, wo dich garantiert kein Nachbar sieht! Ich durchwühle den Sperrmüll auch nur in Gegenden, in denen mich keiner kennt!»

«Was? Sie! Der große Süleyman Efendi schaut sich Sperrmüll an?»

«Ja! Aber was glaubst du denn, wie ich es mir sonst leisten kann, alle sechs Monate jedesmal 12 Waschmaschinen, 17 Kühlschränke, 7 Fernseher und drei komplette Schlafzimmereinrichtungen wegzuwerfen?»

«Ja, das frage ich mich auch immer, wie schnell bei Ihnen die elektrischen Geräte kaputtgehen. Habt ihr eine so feuchte Wohnung?»

«Bei Allah, Osman! Du kapierst ja überhaupt nichts! So naiv wie du bist, wirst du nie ein angesehener Mann in Deutschland! All diese Geräte sammle ich mit meinen Söhnen vom Sperrmüll in anderen Stadtteilen; und wenn es in unserer Straße Sperrmüll gibt, dann schmeißen wir den ganzen Kram aus dem Fenster. Das sieht dann für den Nachbarn so aus, als hätte ich das alles verbraucht. Aber in Wirklichkeit ist mein Fernseher schon 17 Jahre alt. Und eine Waschmaschine habe ich überhaupt nicht. Dafür habe ich zwei Töchter!»

«Deswegen sieht es vor Ihrer Wohnung während des Sperrmülls aus wie im Kaufhaus.»

«Richtig! Das ist auch der Grund, warum Frau Meierdierks sich so gerne mit mir unterhält.»

«Aber das wäre ja auch für mich kein Problem. Ich habe auch zwei erwachsene Söhne und einen Ford-Transit. Oh, Süleyman Efendi, ich danke Ihnen von ganzem Herzen für diesen Tip. Möge Allah alles, was Sie anfassen, in Gold verwandeln … mit Ausnahme natürlich von Frau Meierdierks.»

Vor meinem inneren Auge sehe ich bereits Tina in meinen Armen liegen. Tina, den Dackel von Frau Meierdierks.

Meine Abende verbringe ich jetzt damit, in anderen Stadtteilen gemeinsam mit meinen Söhnen die Sperrmüllhaufen zu durchforsten. Manchmal ertappe ich auch Süleyman Efendi mit seinen Söhnen dabei, aber ich tue ganz dezent, so, als hätte ich sie nicht gesehen. Unser Keller, die Garage, der Dachboden und das Schlafzimmer sind bereits brechend voll. Seit einer Woche können wir uns im Badezimmer nicht mehr duschen, weil wir dort die Elektroherde gestapelt haben. Endlich kommt der Tag, von dem ich mir erhoffe, zu meinem ersehnten Titel zu kommen: ‹Osman Efendi›. Meine kleine Tochter, die beim Sperrmüllrausschmeißen nur im Wege rumsteht, beobachtet die Wohnung von Süleyman Efendi und berichtet uns regelmäßig, wie weit die bereits sind. Wir haben schon 9 Kühlschränke, 11 Fernseher und 6 Waschmaschinen aus dem Fenster geworfen, da kommt sie mit der Nachricht gelaufen: «Papa, Papa, die haben schon 15 Kühlschränke, 17 Fernseher und 12 Waschmaschinen auf die Straße geworfen.» Eine Sekunde lang kreuzen meine Blicke die meiner Söhne. Sollte all die Mühe der letzten Wochen umsonst gewesen sein? Weshalb gab Süleyman Efendi mir diese Anregung? Oder benutzt er mich gar nur, um durch einen Sieg über mich noch besser dazustehen als vorher?

In diesem Moment sehe ich auf der anderen Straßenseite den feindlichen Spion in Stellung gehen: Süleyman Efendis jüngsten Sohn Cafer! Sein böses Grinsen treibt mich zum Wahnsinn. Ich bin sicher, daß wir langfristig gesehen über die größeren Reserven verfügen. Nach einer Stunde kommt Hatice mit einer Zwischenmeldung, daß der Feind 27 Fernseher, 33 Kühlschränke und 24 Waschmaschinen zutage gefördert hat. Damit liegen wir gut im Rennen. Wir haben bereits 31 Fernseher, 35 Kühlschränke und 29 Waschmaschinen auf der Straße. Von den vielen Kleinigkeiten wie 51 Toastern, 78 Haartrocknern, 67 Staubsaugern und 66 CD-Playern ganz abgesehen. Wir sind auf der Siegerstraße, obwohl die Schlafzimmer noch nicht einmal halbleer sind. Meine raffinierteste Geheimwaffe jedoch habe ich für jetzt aufgehoben: Auf die 29. Waschmaschine habe ich einen uralten Stuhl gestellt. Weil ich gehört habe, Frau Meierdierks sei wie verrückt, wenn es um antike Stühle geht. So! Jetzt kann sie nicht mehr vorbei, ohne den Blick auf meinen Sperrmüll zu werfen. Sie wird endlich erkennen, welch angesehener Mann in ihrer Straße wohnt. Was mich aber etwas irritiert ist, daß sich unter den Sperrmüllwühlern vor unserem Haus wesentlich mehr Deutsche als Ausländer befinden. Übungshalber lasse ich mich von meiner Frau bereits ‹Osman Efendi› nennen, damit ich mich rechtzeitig an meinen neuen Titel gewöhne. Als wir gerade die 42. Waschmaschine aus dem Fenster geworfen haben, höre ich Frau Meierdierks einen ganz fürchterlichen Schrei ausstoßen. Wie kann man sich nur so über einen alten Stuhl freuen! Oder schreit sie etwa vor Schmerzen?

Seitdem bin ich im Knast, und Frau Meierdierks auf dem Friedhof. Hätte sie den Stuhl nicht eine Stunde später abholen können? Nicht mal hier im Knast genieße ich Ansehen. Aber jedem, den ich hier treffe, erzähle ich, daß ich beim letzten Sperrmüll 57 Fernseher, 68 Kühlschränke und 42 Waschmaschinen auf die Straße geschmissen habe. Von den Kleinigkeiten mal ganz abgesehen. Ich erzähle auch, daß ich viel mehr geschafft habe als dieser Süleyman Efendi … bis ich Frau Meierdierks traf. Aber das einzige, was mich an der ganzen Geschichte wirklich ärgert, ist: Süleyman Efendi hat den Dackel Tina adoptiert!

Yes Sir, I Can Boogie

Es ist aus und vorbei. Meine älteste Tochter Nermin kann kein einziges Wort Türkisch mehr sprechen. Sie hat lediglich noch einen kleinen Akzent in ihrem Hochdeutsch; einen englischen Akzent. Durch meine Tochter kann ich inzwischen fast genausoviel Englisch wie Deutsch. Mittlerweile spreche ich ohne einen einzigen Fehler selbst so komplizierte Sätze wie «Yes Sir, it is». Ohne jeden Akzent; nicht mal einen englischen.

Wenn Nermin jetzt beim Abendessen Wasser haben will, dann sagt sie nicht mehr wie die anderen unterentwickelten Kinder von unterentwickelten ‹Gastarbeitern› «Papa, gib mir mal Wasser», sondern «Daddy, the water, please». Ich verstehe meine Tochter sofort und antworte wie ein waschechter Engländer: «Yes Sir, it is», und reiche ihr das Wasser. Sie zeigt allerdings auch unmißverständlich die ganze Zeit mit dem Finger auf die Wasserflasche. Ich kann meine Englischkenntnisse genial variieren und immer neu kombinieren. Manchmal sage ich: «It is yes, Sir», oder «Sir, is yes it» oder «It Sir yes is» oder ganz normal «Yes it is Sir» usw. Wie man sieht, gibt es unglaublich viele Anwendungsmöglichkeiten. Meine Englischkenntnisse kennen keine Grenzen mehr. Aber ich will ja gar nicht mit meinem English – jetzt schreibe ich sogar schon Englisch auf English – prahlen, ich will nur zeigen, wie gut ich mich mit meiner ältesten Tochter verstehe.

Im Gegensatz zu mir versteht nämlich ihre Mutter, die zweitgrößte Nervensäge des Mittleren Orients, überhaupt kein Englisch. Sie kennt nur das Wort ‹Okay› und glaubt, dieses Wort heißt ‹Tomate›. Dieses Wort bedeutet aber in Wirklichkeit ‹Wassermelone›. Ich weiß es deshalb so genau, weil ich kürzlich meine Tochter fragte, ob sie eine Wassermelone essen möchte; sie zeigte mit dem Finger drauf und sagte «Okay». Aber ich nehme es meiner Frau nicht übel, daß sie kein Englisch kann. Man sollte die Menschen stets danach beurteilen, in welchen gesellschaftlichen Verhältnissen sie aufgewachsen sind. Wo hätte meine liebe Frau denn Englisch lernen sollen? Doch nicht beim Kuhmelken im Dorf! Denn türkische Kühe können überhaupt kein Wort Englisch, allerdings auch kein Wort Türkisch. Weibliche Kühe können nur Holländisch.

Durch meine großen Erfolge beim Sprechen mit meiner Tochter wurde ich so motiviert, daß ich aufs Ganze gehen wollte. Systematisch habe ich mir alle Schallplatten meiner Kinder ganz genau angehört. Durch diese englischen Platten – denn etwas anderes hören sie ja sowieso nicht – lernt man unglaublich gutes Englisch. Das Resultat war sensationell. Außer den Sätzen ‹Yes Sir, it is› und ‹I am a pencil› kann ich jetzt auch noch: ‹Obla-di Obla-da›, ‹Alphabet Street›, ‹Love Me Tender›, ‹Fly, Robin, Fly›, ‹Yes Sir, I Can Boogie›, ‹This Is Ladies Night›, ‹I Am A Love Machine›, ‹I Am Bad›, ‹Daddy Cool› und ‹Strangers In The Night›.

Stellen Sie sich einmal die vielen Möglichkeiten vor, wenn man alle diese tollen Worte miteinander kombiniert: «Yes Daddy Cool obla-di obla-da I'm a bad lovemachine», oder was halten Sie von: «Fly, Boogie, Fly; Lady, love me tender street, this is Alphabet Night». Überglücklich über diesen unglaublichen Erfolg habe ich beschlossen, die englischsprachige Weltliteratur ins Türkische zu übersetzen. So zum Aufwärmen, als Lockerungsübung gewissermaßen, habe ich mit dem Buch ‹Airport› von Arthur Hailey angefangen. Auf der Warteliste stehen noch Shakespeares Gesammelte Werke, Oscar Wilde, Henry Miller und als Krönung Donald Duck.

Ich hoffe, daß ich es in den nächsten zwei Jahren schaffe, den Titel des ersten Buches ins Türkische zu übersetzen. Mein Pech

dabei ist aber, daß meine Tochter überhaupt keinen englischen Satz sagt, in dem das Wort Airport vorkommt. Um sie dazu zu bewegen, lasse ich schon mal öfters kluge Bemerkungen fallen wie: «Yes Sir, I can Boogie Airport.» Aber sie sagt immer nur: «Daddy, please, shut up!», was ich bis jetzt leider immer noch nicht übersetzen konnte.

Angestachelt durch meine Erfolge in der englischen Sprache, versucht nun auch meine Frau, the two Great Nervensäge of Middle-Orient, massiv Englisch zu lernen. Sie mischt sich ständig in unsere Dialoge ein. Deshalb sehen die Tischgespräche in unserer Familie neuerdings so aus: «Daddy, can I go to my girlfriend?» fragt meine Tochter Nermin.

Ich antworte lässig: «I can Fernseher obla-di obla-da yapmak.»

Prompt mischt sich meine Frau ein: «Yes, yes, Televizyon, I am a pencil.»

«Daddy, what does Mammy say?»

«I nix understand, was deine Mammy say. Mammy is Stranger in the Night in Alamania», antworte ich in akzentfreiem, fließendem Englisch. Und ich bin sicher, ich spreche besseres Englisch als Prince Charles und John Wayne zusammen.

«No, no, nix strangers in the night. I am televizyon açmak. Nermin you gucken», verbessert sich meine Frau.

Nermin ruft mir zu: «Daddy, the bread, please.»

Ich antworte mit meiner typischen selbstbewußten und väterlichen Stimme: «Yes Sir, it is», und reiche ihr die selbstgemachte Erdbeer-Konfitüre herüber.

Meine Tochter schüttelt verwirrt den Kopf: «I think, you all are crazy», schiebt die selbstgemachte Erdbeer-Konfitüre zur Seite und schnappt sich das Brot. Das hat sie nun davon, wenn sie mit dem Finger nicht auf das zeigt, was sie haben will.

«Yes Sir, I can Boogie», antworte ich, und da mir keine

weiteren passenden englischen Worte einfallen, sage ich alle restlichen Wörter, die mir in den Kopf kommen: «Rambo, New York, McDonalds, Coca Cola, Michael Jackson, F. C. Liverpool, Dallas!» Das wichtigste ist, möglichst viele englisch klingende Wörter hintereinander zu sagen. Meine Tochter fällt auf den Trick nicht mehr herein. Aber bei meiner Frau erwecke ich den Eindruck, als wenn ich ein gebildeter Europäer wäre, der fließend Englisch spricht.

Meine Frau strahlt wie türkischer Tee. Ich lese in ihren Augen, wie stolz sie ist, einen so weltgewandten Mann wie mich zu haben. Ich muß gestehen, sie hat ja auch allen Grund dazu. Dieses Glück, mit Osman Engin verheiratet zu sein, haben nicht alle Frauen auf dieser verlogenen Welt; von Männern ganz zu schweigen. Ich wäre auch sehr stolz, wenn ich mich als Ehemann hätte.

In dem Moment klingelt das Telefon. Mein Freund Hasan ruft an: «Yes Sir Hasan, how are your Daddy lovemachine?»

Hasan murmelt nur «Entschuldigung, ich habe mich verwählt» und legt auf.

Meine Tochter Nermin ist völlig mit den Nerven fertig. «Ihr bringt ja alles durcheinander! Mit euch kann man sich beim besten Willen nicht mehr unter die Menschen trauen!»

Da höre ich zu meinem Entsetzen, wie meine Frau meiner Tochter zuruft: «Yes, it is, la baguette de lö croissant, Nermin.» Ich bekomme einen Schock. Meine Frau hat mich überholt. Diesen englischen Satz «La baguette de lö croissant» habe ich noch nie gehört. Ich habe mir wohl die falschen Schallplatten angehört. Meine Tochter Nermin schaut auch ganz erschüttert. Ich glaube, selbst sie kennt die Wörter noch nicht. My Allah, diese Schande überlebe ich nicht! My life is finish. Allah save the Queen.

FREMDWORTREGISTER: Stranger = Deutschling; is = ist; Donald Duck = Diese komische Ente, die man in einigen Gebie-

27

ten der USA, besonders in Texas, Lucky Luke nennt; Osman = Osi; Shut up = «Dürfte ich Sie höflichst bitten, in Zukunft etwas leiser zu sein»; La baguette de lö croissant = Weißbrot mit einer Scheibe Gurke drin. Hat ihren Ursprung in den Slums von London; Allah = Vater von Jesus, Stiefvater von Osi; Michael Jackson = Mittelstürmer beim F. C. Liverpool.

Das Geheimnis des Teekochers

Zum siebenundzwanzigsten Mal rufe ich meiner Frau auf dem Rücksitz zu: «Schau mal in der Tasche nach, ob wir alle Pässe dabei haben!» Und sie brüllt zum neunzehnten Mal nach vorne: «Verdammt noch mal, Osman. Es ist doch alles in der Tasche!» Acht Mal hat sie nur mit dem Kopf genickt. Das habe ich im Rückspiegel deutlich gesehen.

Beim vierzigsten Mal fängt meine Frau an zu stottern: «Osman, du Osman! Ich …, ich glaube mein Paß ist abgelaufen!» Ich bekomme einen Schock und halte den Wagen auf der Standspur an. Wir sind bereits kurz vor der österreichischen Grenze.

Der Paß meiner Frau ist tatsächlich seit gestern, dem 13. 7. 91, abgelaufen. Wir halten Kriegsrat im Straßengraben. Ich schlage vor, aus der Monatszahl 7 eine 17 zu machen. Aber meine Frau lehnt diesen fantastischen Vorschlag mit einer lächerlichen Begründung ab: «Nicht mal die Bulgaren werden uns glauben, daß das türkische Jahr 17 Monate hat.» Nach zwei Stunden Familienkonferenz beschließen wir, aus der 13 eine 19 zu machen, damit der Paß wenigstens so lange gültig ist, bis wir in der Türkei sind.

An der letzten Tankstelle vor der Grenze frage ich den Verkäufer: «Haben Sie so was wie einen ganz dünnen schwarzen Stift, damit ich einen Paß fälschen kann?»

«Was für ein Paß ist es denn? Griechisch, türkisch oder pakistanisch?!»

Ich merke, daß wir nicht die ersten mit dem Problem sind. Zurück beim Auto gebe ich meiner Frau den Stift. Ich habe keine Lust, im Knast zu landen, wenn die Sache herauskommt.

Mit diesem minimal gefälschten Paß kommen wir ohne Probleme in die Türkei.

In unserem Heimatdorf angekommen, schicke ich den Paß meiner Frau nach Hannover zum türkischen Konsulat, um ihn verlängern zu lassen. Nach über zwei Wochen kommt der Paß endlich zurück. In dem Begleitschreiben steht, daß sie das Dokument leider nicht verlängern dürfen, da die Inhaberin sich zur Zeit außerhalb der BRD aufhält. Mit diesem abgelaufenen Paß kommt meine Frau nicht mehr aus der Türkei heraus. Ob ich die Gunst der Stunde nutzen sollte?

Doch am nächsten Tag fahre ich gleich frühmorgens nach Ankara, um den Paß verlängern zu lassen. Nach acht Stunden Fahrt versuche ich als erstes mit dem Leiter des Paßamtes zu sprechen, damit es schneller geht. Es ist leichter, in Deutschland einen Arbeitsplatz zu finden, als in Ankara den Boß vom Paßamt zu sprechen. Nachdem ich einen Pförtner und einen Büroschreiber bestochen habe, stehe ich in seinem Zimmer. Aber er schaut mich überhaupt nicht an und liest weiter in seiner Zeitung. Soll ich den Mann auch noch bestechen, oder was?

«Guten Tag. Ich wollte den Paß meiner Frau bei Ihnen verlängern lassen.» Ohne aufzublicken streckt er seine Hand aus. Hocherfreut ergreife ich die dargebotene Hand und küsse sie ehrerbietig. Soviel Volksnähe hätte ich unseren Bürokraten niemals zugetraut. Er wischt sich mit einem Taschentuch langsam die Hand ab und brüllt dann plötzlich los: «Gib den Paß her, du verdammter Deutschling.»

«Ich möchte ihn nur um einen Monat verlängert haben.»

«Alte Pässe dürfen nach unseren Vorschriften nicht verlängert werden. Sie müssen einen neuen Paß beantragen!»

«Den neuen Paß besorgt sich meine Frau in Deutschland. Ich will den alten Paß nur einen Monat …»

«Alte Pässe dürfen nach unseren Vorschriften nicht verlängert werden. Sie müssen einen neuen Paß beantragen.»

«Ich will nur einen Monat ...»

«Alte Pässe dürfen ...»

Ich gehe raus. Noch auf dem Flur höre ich, wie er seinen Satz ein paarmal wiederholt. Als Leiter der gesamten Abteilung macht er den ganzen Tag nichts anderes. Die Bestechungsgelder waren eine sinnlose Investition. Völlig entnervt und ratlos fahre ich zurück in unser Dorf. Aber unser Frisör weiß Rat: «Du mußt zu Ahmet gehen. Das ist ein wichtiger Mann im Paßamt von Ankara», sagt er.

«Wie heißt der Mann mit Nachnamen?»

«Das weiß ich auch nicht. Das ist auch nicht so wichtig. Den Mann erkennst du sofort, weil er so häßlich ist. Er ist fast so häßlich wie du.»

Ich danke ihm für die Beschreibung, und noch am gleichen Abend mache ich mich wieder auf den Weg nach Ankara, um den häßlichen Ahmet zu finden. Raffiniert, wie ich bin, spreche ich auf dem Flur den ersten Beamten, den ich sehe, an und frage nach Ahmet. Ich tue so, als ob ich Ahmet schon tausend Jahre kennen würde. Es stellt sich heraus, daß bei der Behörde gleich fünf Ahmets arbeiten und einer häßlicher als der andere ist. Aber keiner kennt unseren Dorffrisör.

Wieder zu Hause, gibt mir mein guter, alter Onkel Mustafa den Tip, den Dorfvorsteher um Hilfe zu bitten. Unser Dorfvorsteher ist ein Mann, der mit allen Wassern gewaschen ist. Stinken tut er aber immer noch. Er sagt mir, an wen ich mich in Ankara wenden muß. «Den Teekocher Ismail vom Paßamt, das ist dein Mann. Der erledigt auch für uns immer alles.»

Auf der Fahrt nach Ankara habe ich so meine Zweifel an der Ernsthaftigkeit dieses Vorschlages. Ich will einen Paß verlängert bekommen und nicht Tee trinken. Aber ich habe keine Wahl. In drei Tagen ist mein Urlaub zu Ende. Der Teekocher ist meine letzte Hoffnung. Ismails Teeküche liegt im 2. Stock des Paßamtes, ganz am Ende des Flures. Kaum betrete ich den kleinen, dunklen Raum, ruft Ismail: «Na endlich hast du den Mann gefunden, der deine Sache erledigen kann.»

«Woher kennen Sie mich?», frage ich ihn.

«Mein Sohn, seit Tagen sehe ich dich durchs Haus irren, wenn ich den Tee in den Büros verteile. Was kann ich für dich tun?»

«Ich will den Paß von meiner Frau verlängert haben.»

Er zieht eine Preisliste aus der Schublade und sagt: «Paßverlängerung für eine Frau kostet bei mir zur Zeit 125 DM. Aber da du aus unserem Dorf bist, kriegst du 13 Prozent Rabatt.»

Ich kann nicht glauben, was ich da höre. Aber Ismail zieht mir den Paß aus der Hand und ruft: «In zehn Minuten bin ich mit dem verlängerten Paß zurück.» Er drückt mir das Tablett in den Arm und läuft los. Ich bin gespannt, was er macht, und renne hinter ihm her. Ismail tauscht leere Teegläser gegen volle aus und sammelt Formulare. Im nächsten Zimmer drückt er verschiedene Stempel auf die Papiere. Die Beamten lassen sich gar nicht stören und spielen weiter Backgammon. In einem Zimmer tippt Ismail kurz auf einer Schreibmaschine und geht dann zum nächsten Büro. Ich habe Schwierigkeiten, Ismail mit dem Teetablett zu folgen. Wieder in der Teeküche angekommen, unterschreibt er den Paß meiner Frau an der entsprechenden Stelle und gibt ihn mir zurück.

«Weil wir aus dem gleichen Dorf sind und du mir so gut beim Teeaustragen geholfen hast, habe ich für deine Frau ein paar Extras mitbesorgt.» Seitdem hat meine Frau einen Führerschein und einen Taxischein für Ankara. Jetzt muß sie nur noch Auto fahren lernen.

Osi, der Coole

Oh, Bier schmeckt wirklich gar nicht so schlecht! – Nach der dritten Flasche glaube ich, mir endlich etwas erlauben zu können, und schlage laut mit der Faust auf den Tisch. Meine Frau guckt empört zu mir rüber und schüttelt den Kopf. Aber sie sagt kein Wort. Mit der Bierflasche in der Hand habe ich bei ihr Narrenfreiheit.

Ich habe mir bei meiner Frau zwei Sechserpackungen Bier bestellt, damit ich mich so richtig besaufen und austoben kann. So was habe ich noch nie gemacht. Ich kenne das nur vom Fernsehen oder von meinem ältesten Sohn. Aber ich weiß, daß man sich alles erlauben darf, wenn man besoffen ist. Man ist nicht mehr zurechnungsfähig.

Wenn ich nach drei Flaschen Bier auf den Tisch hauen darf, ohne von allen Seiten angemacht zu werden – bei Allah, was darf ich mir erst leisten nach fünf oder gar nach zehn Flaschen Bier. Oh, ist das Leben schön: So ein Tag, soo wunderschöön wie heeutee! Warum bin ich nicht schon vor Jahren darauf gekommen?!

Ich bin Osi, der Saufer
Der Liebes-Verkäufer
Frauen lieben mich
Denn ich bin königlich.

Mein Arzt hatte mir dazu geraten, meine Gefühle stärker rauszulassen. Und nicht alles in mich hineinzufressen. Sonst würde ich mich nie von meinem Magengeschwür trennen.

Womit habe ich es nicht alles versucht! Mit Fußballgucken, Sandsackschlagen oder Helmut Kohl-Zuhören. Alles hat nichts genützt.

Während ich die vierte Flasche trinke, überlege ich mir, wie ich unsere Nachbarn endlich fertigmachen kann. Ich warte auf ein einziges Geräusch von denen. Dann sollen sie mal den wahren Osman kennenlernen. Mit jeder Flasche Bier steigt mein Mut. Bei so einem Feigling wie mir hätte ich das nie für möglich gehalten. Oh! Du heiliger Alkohol, welch ungeheuere Kraft muß in dir stecken. Du schaffst es, aus Osi dem Feigling Osman den Mutigen zu machen!

Ich bin Osi, der Coole
Mich wollen viele
Mein Herz ist aber voll
Mit Weib und Alkohol.

Nach der achten Flasche bin ich etwas irritiert. Ich liege nämlich immer noch nicht unter dem Tisch! Irgendwie muß ich Talent zum Säufer haben. Ich überlege krampfhaft, welche Anzeichen mir noch zum Besoffensein fehlen. Da höre ich aus der Küche, wie meine Frau zu meiner älteren Tochter sagt: «Hoffentlich kotzt der Penner nicht die ganze Bude voll!»

Welch grandiose Idee! Von alleine wäre ich nie drauf gekommen. Ich stecke mir sofort ein paar Finger in den Mund. Aber außer einem komischen Geräusch kommt da nichts raus. Raffiniert, wie ich bin, mache ich aus meinem Fehler sofort eine Tugend. Mit geschwollener Brust gröle ich durch die ganze Wohnung: «Den gelernten Säufer erkennt man daran, daß er überhaupt nicht kotzt.»

Nach der neunten Flasche klettere ich zum zwanzigsten Mal heute abend in die Badewanne, um garantiert nicht daneben zu pinkeln. Da höre ich plötzlich die Klospülung vom Nachbarn. Ich laß meine Hose in der Badewanne und laufe so schnell ich kann ins Treppenhaus. Ich schreie, bis der Putz von den Wänden fällt: «Wie oft wollt ihr Idioten noch aufs Klo? Was soll denn der Scheiß? Ist das hier ein öffentliches Scheißhaus oder was?! Ein gesunder Mensch geht nur zweimal am Tag aufs Klo!» und schlage die Tür wieder zu.

Mit einem halben Auge sehe ich, wie respektvoll meine Frau zu mir aufschaut.

Oh, ist das schön, ein Herrscher zu sein! Zum ersten Mal kann ich Männer wie Caesar, King Kong, Napoleon und Maggie Thatcher verstehen.

Ich bin Osi, der Herrscher
Ich bin viel stärker
Als Herkules und Rambo
Und das noch mit Niveau.

Ich brülle in Richtung Küche: «Weib, bring mir noch ein feuchtes Bier und eine trockene Hose.» Nach der elften Flasche rufe ich ‹meinen Meister von Halle 4› privat zu Hause an. Ich erkläre ihm, daß er sich die gesamte Halle 4, einschließlich der Akkordbänder, irgendwohin stecken kann. Aber ich lalle dabei demonstrativ, damit er auch merkt, daß ich besoffen bin, und mir verzeiht.

Vor mir steht die zwölfte Flasche. Meine letzte. Ich bin tierisch besoffen. Ich habe nur noch eine Flasche Zeit zum Gefühle-freien-Lauf-Lassen.

Was soll ich bloß machen?! – Meiner Frau unter den Rock greifen?! Den Mülleimer aus dem Fenster schmeißen und den Fernsehapparat hinterher?! Meinen Ford-Transit gegen den Baum fahren? Saddam Hussein einen Liebesbrief schreiben? Die Schwiegermutter zum Besuch einladen?! Alkohol ist doch eine Wahnsinnsdroge! Ich fühle mich so frei und stark: Heeeeeeyyyt!!!

Laut rülpsend leere ich die letzte Flasche und knalle sie an die Wand.

«Papa, mach die Flasche nicht kaputt, da gibt's Pfand für. Auch bei alkoholfreiem Bier», sagt meine jüngste Tochter.

Mit meinem besoffenen Kopf lalle ich: «Wie? Alkoholfrei? Was? Wer ist Alkohol?!»

«Aber Papa, das waren doch zwölf Flaschen alkoholfreies Bier. Steht doch groß genug drauf!»

Meine Frau starrt auf die leeren Bierflaschen und dann auf mich. Mit wütender Stimme faucht sie mich an: «Ab ins Bett, du Simulant, du elender Schauspieler. Ich will dich heute nicht mehr sehen!»

Während ich mir den blau-weiß gestreiften Pyjama anziehe, jammere ich vor mich hin: «Was kann ich dafür, daß meine Frau das falsche Bier kauft! Hätte ich doch bloß auf unseren Propheten gehört. Bier ist Gift für uns Moslems. Besonders das alkoholfreie!»

Der Bomben-Urlaub

Als vollwertige Mitglieder dieser unserer deutschen Gesellschaft wollen meine Frau und ich in diesem Jahr unseren bürgerlichen Pflichten nachkommen und wie jeder anständige Deutsche wenigstens einmal im Leben Urlaub auf Gran Canaria machen.

«Oh, wie altmodisch, Gran Canaria ist doch total ‹out›. Da waren wir schon vor 20 Jahren.»

Darauf kann ich nur antworten: «Was Sie jetzt ‹in› finden, den Orient und die Türkei, da war ich schon vor 42 Jahren und letzten Sommer auch.»

Wenn ich mich so in unserem Bremer Flughafen umschaue, dann sind es nur Deutsche, die nach Gran Canaria und Mallorca fliegen. Alles Deutsche aus der Ex-DDR. Die holen richtig auf, die Kollegen. Mit Bananen und Kiwis haben sie angefangen, mit Gran Canaria geht's weiter.

Meine Gattin und ich stehen mitten in der Halle und schauen uns um, zu welchem Schalter wir müssen. Meine Frau hat alle ihre Überseekoffer vollgestopft, als würden wir wieder mit unserem Ford-Transit in die Türkei fahren. Endlich haben wir unseren Schalter für Gran Canaria entdeckt. Davor steht eine riesige Schlange. Unsere Volksgenossen aus der Ex-DDR haben ihre Rituale in den Kapitalismus hinübergerettet. Sobald sie mehr als fünf auf einem Haufen sind, organisieren sie eine ‹Sozialistische Wartegemeinschaft›. Das Schlimme dabei ist: ich muß mich als nicht anerkannter Sozialist ganz hinten anstellen. Ich hasse Schlangen, ich hasse Flugzeuge, ich hasse Gran Canaria; ich sterbe nämlich vor Angst. Das ist mein Jungfernflug. Ich habe Angst, daß wir abstürzen. Ich hasse Abstürze jeder Art. Egal ob durch Maschinenschaden, Computerfehler, Bombenexplosion, Vogelschlag, Benzinmangel oder durch ganz normalen, banalen Absturz.

In jedem, der hier rumläuft, sehe ich einen potentiellen Terroristen. Alles mögliche kann hier sein: RAF, CIA, Hooligans aus England und Kamerun. In dem Moment spricht mich jemand frontal von hinten an: «Entschuldigen Sie bitte, können Sie mir sagen, wo hier die Toiletten sind?» Ich habe keine Ahnung.

Aber ich zeige dem Terroristen irgendeine Richtung, damit er mich nicht als Geisel nimmt. Er stellt einen kleinen Handkoffer neben meine Füße und sagt: «Können Sie bitte solange auf meinen Koffer aufpassen», und rennt dann in die von mir gezeigte Richtung los. Ich packe meine Frau am Arm und laufe in die entgegengesetzte Richtung so schnell ich kann. Nach 50 Metern halte ich an, und wir verstecken uns hinter einem Mülleimer. Meine Frau versucht verzweifelt, Luft zu bekommen – dieser ‹50-Meter-Lauf› war die größte sportliche Betätigung, die sie in den letzten 25 Jahren vollbracht hat.

«Bei Allah, Osman, warum rennst du wie ein Wahnsinniger? Warum hast du mich hierher gezerrt?»

«Sei ruhig! Geh in Deckung! Das Ding geht gleich hoch!»

Ich kneife die Augen zu und schmeiße mich auf den Boden. Ich drehe mich ein paarmal und knalle voll mit dem Kopf gegen den Mülleimer.

Eine Sekunde, zwei Sekunden, drei Sekunden, vier Sekunden, fünf Sekunden, sechs Sekunden, …, elftausendneunhundertachtundvierzig Sekunden, immer noch keine Explosion. Ich mache die Augen auf und sehe, daß sich alle Passagiere und das Flugzeugpersonal um mich versammelt haben.

Meine Frau sagt: «Bitte gehen Sie weiter, meine Herrschaften. Es ist nichts. Mein Mann hat nur wieder seine exhibitionistischen Exzesse.»

Der Lautsprecher plärrt: «Alle Passagiere des Fluges Gomera Airlains 007 nach Gran Canaria werden dringend zum Schalter 4 gebeten.»

Ich rappel' mich hoch und schau' über den Mülleimer: «Ist das Ding entschärft worden? Warum ist der Koffer noch nicht explodiert?»

«Aber Osman, warum soll ein Koffer denn explodieren?»

«Frau, hast du nicht gemerkt, wie der Terrorist die Bombe neben uns gestellt hat?»

«Wieso Terrorist? Das war doch ein ganz normaler Deutscher. Mit fettigen blonden Haaren, Bierbauch und lang wie eine Bohnenstange. Ein ganz normaler Deutscher eben.»

«Aber der hatte eine nachgemachte Jeans an. Das heißt, er kommt aus den neuen Bundesländern.»

«Ja, und wenn schon. Da kann der doch nichts für!»

«Bei Allah, Frau, kapierst du denn überhaupt nichts? Wofür ist dieses Gebiet denn zur Zeit bekannt?»

«Was weiß ich?! Stasi, Bananen, Mauerspechte, Trabi.»

Außer mir ahnt niemand, in welcher Gefahr sich dieser Flughafen befindet. Ich bin total aufgeregt. Ich stotterte: «RAF, Frau, Terroristen! Die ganze Ex-DDR ist voll mit RAF-Terroristen a. D.!»

Durch die Hölle tant es, ich meine: Durch die Halle tönt es: «Die Passagiere Osman und Eminanim Engin des Fluges nach Gran Canaria werden dringend ...»

Ich traue mich keinen Meter hinter meiner Mülltonne vor. Deshalb sage ich zu meiner Frau: «Eminanim, geh doch mal rüber, schau, was mit der Bombe los ist. Tu was für dein Vaterland. Mach dir keine Sorgen, die Kinder und ich werden dich nie vergessen.»

«Osman, ich habe den Verdacht, du liebst mich nicht mehr.»

«Stell dich nicht so an, du Feigling. Türkische Frauen kennen keine Angst.»

«Osman, ich bin die Mutter deiner Kinder!»

«Denk nicht immer nur an dich. Die Situation hier ist von nationaler Bedeutung.»

«Die Passagiere des Fluges nach Gran Canaria, Osman und Eminanim Engin, werden zum letzten Mal dringend gebeten ...»

«Frau, du hörst doch! Wir haben keine Zeit mehr, beeil dich!»

«Osman, ich will nach Hause. Ich habe keine Lust mehr auf Urlaub. Ich lass' mich scheiden. Ich gehe zu meiner Mutter zurück.»

Beim Gedanken an die Bombe und die Schwiegermutter läuft mir der Angstschweiß endgültig die Beine herunter.

In dem Moment sehe ich, wie der Terrorist seinen Koffer schnappt und weggeht.

Gelassen sage ich zu meiner Frau: «Na gut, wenn du solche Angst hast, dann gehe ich eben als erster. Mut ist nun mal keine Frauensache.»

GSG 9 und die Nervensäge

Es ist 10 Uhr 27, Samstag morgen! Die zweitgrößte Nervensäge des Mittleren Orients macht ihrem Namen alle Ehre, denn sie sägt seit heute morgen erbarmungslos an meinen Nerven. Bei Allah, was hat diese Frau nur gegen mich?! Ich bin es doch, Osi! Ihr geliebter Ehemann!! Der Mann, auf den sie zwei Jahre lang gewartet hat, als er beim Militär war. Der Mann, der ihr dabei behilflich war, gleich fünf intelligente Kinder auf die Welt zu bringen. Der Mann, der selbstlos eine ganze Rippe opferte, damit diese Frau erschaffen wurde. Der Mann, der laut eigener Schwiegermutter ein völliger Versager ist. Der Mann, der laut eigener Mutter das einzig wahre Genie ist, das Allah in den letzten Jahren auf die Welt gesandt hat, um die Menschheit vor dem Untergang zu retten. Der Mann, der ohne rot zu werden behaupten kann, daß Mama recht hat.

Weil unsere Kinder die Nacht über bei der Oma sind, habe ich gestern in meinem Wahn gesagt: «Frau, ruhen wir uns heute mal richtig aus, und wer morgen zuerst aufwacht, der darf das Frühstück machen.»

Dieser liebevoll geflüsterte Satz war für unser Eheleben gleichzusetzen mit der Oktoberrevolution von 1917 in Rußland. Oh, hätte ich doch nicht diese Lawine losgetreten. Leider haben wir auch keinen Mini-Gorbi in der Familie, der alles wieder rückgängig machen kann. Die Revolution frißt ihre Kinder!

Dabei wollte ich doch nur ein bißchen modern sein und einen Hauch von Zeitgeist in unser langweiliges Eheleben bringen. Aber man muß ja nicht alles wörtlich nehmen. Ich war mir absolut sicher, daß meine Frau – wie immer in den letzten 25

41

Jahren – vor mir aufsteht und unser Frühstück vorbereitet. Ich muß gestehen, daß ich meine eigene selbstgeheiratete Ehefrau in den letzten 25 Jahren anscheinend immer noch nicht richtig kennengelernt habe.

Wir haben bereits 11 Uhr 45, sie liegt immer noch im Bett!

Was hat denn diese Frau gegen mich?! Hä? Was? Was habe ich ihr denn getan?! Warum darf ich nicht auch mal wie ein moderner Mann reden, ohne gleich dafür bestraft zu werden? Welches Verbrechen habe ich begangen?! Warum konnte ich nicht das Maul halten? Warum mußte gerade ich den modernen Ehemann spielen?! Jetzt lästert garantiert die ganze Welt über mich.

Der amerikanische Farmer sagt: «Det stuipit Osi is ön Idiot!»

Der chinesische Reisbauer sagt: «Tsching Tschai ping Osming, rad ab.»

Der arabische Ölscheich wird sagen: «Halama, halama, Osman bin Aptal, wehe wenn das Schule macht! Wie soll ich denn für alle 365 Haremsfrauen jemals das Frühstück fertig kriegen? Oh, Osi, du Sohn eines Schakals, sei verflucht mit deinen neuen Ideen!»

Der Leibziger sagt: «Wir Männer sind das Volk! Weg mit Osi!»

Mittlerweile haben wir 12 Uhr 24, und meine Frau liegt immer noch neben mir im Bett. Ich schiele zu ihr rüber, ob sie wirklich immer noch schläft oder nur so tut. Ich kann sie ja schließlich nicht wecken. Das würde bedeuten, ich wäre früher wach als sie und müßte ihr das Frühstück machen. Ich schreie ein paarmal ganz laut auf, so als ob ich Alpträume hätte. Aber Eminanim bewegt sich keinen Millimeter.

Jedes Jahr zerbricht sich halb Hollywood den Kopf, wem sie den Oscar geben sollen: «Ladys ent Centelmän, ent the winner is: Eminanim Engin.»

Es ist 14 Uhr 37, und die schamlose Person liegt immer noch

im Bett. In der Zeit hat sie sich ein paarmal bewegt. Was wohl heißen soll: «Osman, mach endlich Frühstück. Ich bin nicht tot. Ich werde mitfrühstücken.»

Vor 25 Jahren habe ich mich von einem berühmten Zitat des Honoré de Balzac leiten lassen, welches besagt: «Überdurchschnittliche Männer brauchen orientalische Frauen, die an nichts anderes denken, als an die Bedürfnisse ihrer Männer.»

«Frau, waren deine Vorfahren keine Türken?» will ich sie fragen, aber ich lass' es. Erstens müßte ich dann das Frühstück machen, zweitens würde sie sowieso nicht antworten, denn sie schläft ja noch – wie wir alle wissen.

Es ist 15 Uhr 29. Raten Sie mal, was meine Frau so spät am Samstagnachmittag macht?! Nein, falsch geraten, sie schläft nicht. Sie liegt nur im Bett und tut so. Kein Mensch kann von 22 Uhr abends bis 15 Uhr 29 am nächsten Tag durchschlafen. Als wenn sie wüßte, was ich denke, hat sie zwischenzeitlich reichlich laut geschnarcht, um mich vom Gegenteil zu überzeugen.

Die Lautstärke ihres Schnarchens nahm sogar zu, und zwar immer dann, wenn es an unserer Haustür klingelte. Gut – daß sie beim ersten Klingeln nicht aufstand, das sehe ich noch ein. Der Postbote kann die Mahnungen ja auch nächsten Montag zustellen. Daß sie das zweite Klingeln überhörte, war auch verständlich.

Das war unsere Nachbarin von gegenüber, die jeden Tag bei uns klingelt, um sich etwas Olivenöl auszuleihen. Dann muß sie heute eben mal mit Margarine kochen. Aber als meine Frau auch noch unseren Kindern die Tür nicht öffnete, ging sie einen Schritt zu weit.

Wie kann sie so was ihrem eigenen Fleisch und Blut antun? Ihren geliebten Kindern, die sie mehr als einen Tag nicht gesehen hat! Wegen eines lumpigen Frühstücks läßt sie ihre eigenen Kinder auf der Straße sitzen.

Wer weiß, was aus denen jetzt wird! Unser Sohn fällt garantiert der Rauschgift-Mafia in die Hände. Und unsere vier-jährige Tochter wird von einem Dutzend Zuhältern zur Prostitution gezwungen. Dies alles nimmt die Rabenmutter in Kauf für den Preis eines lächerlichen Frühstücks.

Es ist 17 Uhr 43! Ich liege schweißüberströmt im Bett und versuche, die Zähne und Beine zusammenzukneifen. Ich überlege die ganze Zeit, wie man einen Schlafwandler spielt, der zum Klo geht. In meiner Verzweiflung fange ich an, Kampfträume zu simulieren. Mehrere Male springe ich bis an die Decke und lasse mich laut schreiend aufs Bett fallen. Bruce Lee ist nichts dagegen.

Es ist 20 Uhr 13! Meine Frau hat ihren Winterschlaf immer noch nicht beendet. Mittlerweile sind wir soweit, daß wir in unseren Träumen miteinander sprechen können. Ich tue so, als ob ich im Traum mit mir selbst rede und dabei gleichzeitig ganz fest schlafe. Ich lasse nichts unversucht, damit meine Frau endlich aufgibt. Ich sage zu mir: «Oh, Osman, es ist bereits nach 20 Uhr. Wenn du jetzt aufstehst, brauchst du kein Frühstück mehr zu machen.»

Meine Frau antwortet, während sie gleichzeitig laut schnarcht: «Das macht nichts, Osman, ich wäre auch mit einem Abendessen einverstanden.»

Mir ist unverständlich, wie sie gleichzeitig reden und schnarchen kann. Aber ich bin besser als sie. Ich kann reden, während mir gleichzeitig mein Magen knurrt. Ich sage: «Da kannst du lange darauf warten! Ich werde wohl kaum vor morgen früh aufstehen!»

«Das trifft sich gut, Osman. Wir hatten ja auch frühstücken abgemacht», sagt sie, ohne ihr Schnarchen zu vergessen.

Sie ist auf dem besten Wege, ihren Weltranglistenplatz – als die zweitgrößte Nervensäge des Mittleren Orients – aufzugeben und einen Platz höher zu steigen.

Nach 27 Tagen wird auf Veranlassung unserer Kinder die Wohnung gestürmt. Gewaltsam verschaffen sich Eliteeinheiten der GSG 9 und des Müttergenesungswerkes Einlaß in unser Schlafzimmer. Mit aller Macht versuchen Sanitäter, zwei Halbverhungerte aus dem Bett zu zerren. Während die Ärzte uns intravenös zwangsernähren, ruft meine Frau mir zu: «Du hast verloren, Osman. Du mußt das Frühstück machen! Die Soldaten haben dich zuerst aus dem Bett gezogen!»

Kostenlos schwitzen

Ich bin gerade auf dem Heimweg von der Samstagmorgen-schicht, da hält neben mir mit quietschenden Reifen ein blauer Ford-Transit.

Mein alter Freund Nedim sitzt am Steuer und brüllt durch das offene Beifahrerfenster:

«Osman, gut daß ich dich sehe! Ich brauche dringend jemand, der mit mir schwimmen geht. Ich muß unbedingt abnehmen ... aber alleine macht's keinen Spaß! Los, komm schon, steig ein. Hinterher gehen wir auch in die Sauna!»

«Hör zu, Bruder Nedim, du kennst meine Frau! Sie haut mich zu Kebap, wenn sie erfährt, daß ich in der Sauna war. Da laufen überall nackte Frauen rum! ... Außerdem ist mir der Eintrittspreis viel zu hoch!»

«Red nicht rum, ich weiß, wie man da reinkommt, ohne einen Pfennig zu zahlen! Und deiner Frau brauchst du ja nichts zu erzählen.»

Mir kommt der rettende Gedanke: «Du, Nedim, ich kann nicht mitkommen, ich habe gar keine Badehose mit!»

Dabei halte ich ihm meine Tasche mit der Thermoskanne unter die Nase.

«Quatsch nicht soviel, steig lieber ein!» Mit diesen netten Worten zerrt er mich in seinen Transit. «Badehosen kann man dort ausleihen. Wir zahlen nur den Eintritt für das Schwimmen, ich kenne einen versteckten Gang, von dem aus man in die Sauna reinkommt, ohne was zu bezahlen!»

Mir fallen keine Gegenargumente ein. Außerdem wäre das sowieso sinnlos gewesen, denn Nedim hat längst Gas gegeben.

Am Hallenbad angekommen, bemerkt er, daß er leider sein Portemonnaie vergessen hat, und ich bezahle für ihn mit. Eine Badehose bekomme ich auch. Die muß früher einem Elefanten gehört haben, so groß ist die.

Dann ziehen wir uns aus, klettern in die Badehosen und danach geht's unter die Dusche.

Ich war schon ewige Zeit nicht mehr in der Badeanstalt, schließlich haben wir eine eigene Dusche.

Irgendwie habe ich total vergessen, wie viele hübsche Frauen hier ständig rumlaufen. Nedim hat recht, ich hätte schon früher mal hierhergehen sollen … wegen meiner Figur!

Ich nehme meinen ganzen Mut zusammen, ziehe den Bauch ein, schiebe die Brust raus und die Schultern zackig nach oben. Mit lässigen Schritten schlendere ich zum Startblock am Beckenrand. Mit einem eleganten Hüpfer komme ich auf dem großen Stein zum Stehen.

Nun leicht wippen … ausschwingen in den Knien … total konzentriert auf den Absprung.

Mittlerweile wippe ich bereits zehn Minuten, und keine einzige schöne Frau sieht mir bewundernd zu. Nicht einmal die Männer oder die Kinder würdigen mich eines Blickes. Ich huste ein paarmal möglichst laut. Endlich drehen sich einige Mädchen nach mir um! Und schon springe ich los.

Wäre ich doch bloß nicht gesprungen! Wäre ich doch bloß nicht mit Nedim hierher gekommen! Die ausgeliehene Badehose rutscht mir bis an die Zehen, als ich auf das Wasser aufklatsche!

Bei Allah, was soll ich jetzt bloß machen? Bitte zeig mir doch einen Ausweg. Du bist doch sonst so weise!

Gerade wo mir so viele Frauen zuschauen, wäre diese Blamage wirklich nicht nötig gewesen.

Inzwischen bin ich auf dem Grund des Beckens angekommen, die Badehose ist weg. Aus dem Wasser raus kann ich nicht mehr. Luft habe ich aber auch keine!

Wenn ich auftauche, sterbe ich vor Scham. Wenn ich untenbleibe, sterbe ich auch. Während ich die Situation gründlich analysiere, merke ich, daß ich die ganze Zeit Wasser schlucke. «Gulp, gulp, guuuuulp!!»

Das hat man nun davon, wenn man seine Frau hintergehen will! Hätte ich doch nie auf diesen Nedim gehört!

Mit der einen Hand versuche ich, die Badehose zu angeln, die andere halte ich aus dem Wasser und schreie: «Hilfe, gulp, gulp, Hiiiilfe, gulp!»

Unwillkürlich ziehe ich eine Bilanz meines bisherigen Lebens. Alle möglichen Erinnerungen laufen Parade vor meinen chlorgefüllten Augen. O Allah, so früh rufst Du mich zu dir? Ich bin noch nicht mal 100 Jahre alt! Was für Pläne habe ich doch gehabt, als ich noch ein Knabe war. Ich wollte Arzt werden, möglichst Frauenarzt. Bei der Müllabfuhr arbeiten oder als Straßenfeger. Weil die täglich spazieren gehen. Ich wollte auch Koch werden, um mir drei Mal am Tag Bohnen zu kochen.

Welch sinnloser Tod, welch sinnloses Leben!

Plötzlich packt irgend jemand meinen Arm und zerrt wie ein Wilder daran. Dann sind noch mehr Hände da und ziehen mich ruckweise an den Beckenrand. Ich hab' auf einmal die Hoffnung, in Zukunft doch noch als Bohne den Frauenarzt zu kochen.

Ich denke nur an die Badehose und versuche, wenigstens mit den Händen meine Stelle zu bedecken. Aber dieser riesige Bademeister gibt mir keine Chance. Ständig rudert er mit meinen Armen durch die Gegend und drückt dann wie ein Irrer auf meinen Brustkorb. Zum Glück sind die Fliesen auf dem Fußboden recht stabil, sonst läge ich jetzt einen Meter tiefer.

Hübsche, schöne, junge, gutaussehende Frauen stehen zu Dutzenden um mich herum und starren mich an.

Endlich quetscht sich Nedim durch die Menschenmenge und hält mir die heißersehnte Badehose hin: «Zieh das endlich an, bevor du uns total blamierst!»

Der Bademeister zeigt Erbarmen und läßt von mir ab. Blitzschnell habe ich die Hose an. Noch benommen von der ganzen Aufregung torkele ich mit Nedim in eine ruhigere Ecke. Anstatt mich armes Opfer zu bedauern, beschimpft er mich auch noch die ganze Zeit.

«Komm, wir gehen jetzt in die Sauna», sagt er.

Ich habe nichts dagegen. Ich will nur vom Schwimmbecken weg. Eine kleine, unscheinbare Türe verbarg einen dunklen, schmalen Flur.

Noch eine Tür, und wir stehen im Duschraum der Sauna.

Keine Menschenseele zu sehen!

Wir haben die gesamte Sauna für uns!

Übertrieben heiß ist es in dem Holzkasten auch nicht. Eigentlich nur angenehm warm.

«Oh, wie schön. Wir sind kostenlos in der Sauna», freue ich mich. Wir grinsen uns an. Mit dem Eintritt für das Schwimmbad sind wir auch noch in die Sauna gekommen. Nedim besteht darauf, daß wir hier schon wieder die Badehosen ausziehen sollen, sonst würden wir sofort auffallen. Unter Protest klettere ich aus dem Elefanten-Slip. Aber diesmal lasse ich die Hose nicht mehr aus den Augen.

Die Holzgitter sind ganz schön warm. Ein herrliches Gefühl, knapp dem Tode entronnen und dann in die Sauna gehen. Sollte man öfter machen.

«Osman, wir sollten hier jeden Samstag hingehen. Schön ruhig ist es hier!»

«Ach ja!» gähne ich und strecke meinen Po in Richtung Ofen.

«Machst du Röstbraten aus deinem Hintern?» fragt Nedim.

50

«Ja! Wenn meine Frau mitkriegt, daß ich in der Sauna war, bekomme ich nichts zu essen. Ich muß mich selbst versorgen!»

In diesem Moment bemerke ich, wie ein Mann durch die Luke in der Tür zu uns in die Sauna reinschaut.

«Du, Nedim, ein Spanner, wir werden verfolgt.»

«Keine Angst! Der will auch nur in die Sauna und schaut vorher, wie voll es ist!»

Der Mann öffnet die Tür und kommt herein. Dieser arme Spinner war noch nie in einer Sauna und ist von oben bis unten angezogen. Hemd, Hose, Socken und sogar einen Kittel. Der wird gleich mörderisch anfangen zu schwitzen.

«Was macht ihr denn hier?» fragt er.

Eine so saudoofe Frage habe ich selten gehört. Wir liegen bei fast 100 Grad Wärme in der Sauna und der fragt ‹Was macht ihr denn hier?›

«Wir fahren gerade Ski», antworte ich, «der Schnee ist herrlich, haben Sie Ihre Skier dabei?»

«Wie seid ihr hier reingekommen?»

«Genauso wie Sie, durch die Tür. Wollen Sie sich nicht wenigstens die Jacke ausziehen? Das hier ist eine Sauna, da zieht man sich vorher aus, denn hier drin ist es immer sehr warm.»

«War ein Mann oder eine Frau an der Kasse?» fragt er wieder.

«Ich glaube, es war ein Mann, der wie eine Frau aussah. Oder eine Frau, die wie ein Mann aussah», sagt Nedim.

«Es war ein Älterer, der jung aussieht, oder eine Jüngere, die älter aussieht», ergänze ich.

«Was habt ihr an der Kasse für den Eintritt bezahlt?»

Ich gucke Nedim an. Er muß es ja wissen.

«Für jeden von uns zehn Mark», antwortet Nedim.

«Zehn Mark für jeden von uns», ergänze ich.

«Wann wart ihr denn an der Kasse?» Ich schaue wieder Nedim an: «Wann waren wir denn an der Kasse?»

«Ich würde sagen, so gegen drei Uhr, es könnte aber auch halb vier gewesen sein», meint Nedim.

«Um halb vier, es könnte aber auch gegen drei Uhr gewesen sein, würde ich sagen», ergänze ich.

«So, so», knurrt der Mann, «das wüßte ich aber! Seit drei Jahren arbeite ich hier als Hausmeister, und bisher war am Samstagnachmittag diese Sauna für die Öffentlichkeit immer geschlossen! Was sagen Sie dazu, meine Herren?»

Ich gucke Nedim an, Nedim guckt mich an.

Wir gucken beide den Mann im Kittel nicht an. Meine Versuche, durch ständiges Dazwischenreden die Situation zu bereinigen, haben auch nichts genützt. Wir haben einen ganz falschen Tag für unser kostenloses Schwitzen ausgesucht.

Ich ziehe diese verfluchte Badehose wieder an und stehe auf: «Du kommen Nedim, Haus gehen! Mann böse! Wir Ausländer, nix verstehen! Wasser nix gut! Sauna nix gut! Ich bei Arbeit sowieso schwitzen machen.»

Osman Mülleimer

Osman Engin heiße ich. Seit 23 Jahren verheiratet; fünf Kinder; arbeite als Schlosser in Halle 4. Und ich bin Türke in Deutschland. Wohlgemerkt Deutschland-West. Deutschland-Ost ist ja sowieso bald leer.

So! Nach diesen Fakten müßte wohl jedem klar sein: ich bin der Boß bei uns, der Führer der Familie. Das Familienoberhaupt. In jeder anderen türkischen Familie wäre das vielleicht so. Aber bei uns ist alles anders. Wenn meine seligen Vorfahren – die türkischen Paschas – mich gesehen hätten, dann hätten sie ihr Osmanisches Reich niemals nach mir benannt. Sondern nach meiner Frau. Denn alle Briefe, alle Rechnungen, alle Mahnungen und Pfändungsbeschlüsse kommen auf den Namen meiner Frau an. Selbst im Telefonbuch steht lediglich ihr Name. Alle Briefe sind adressiert an ‹Frau Eminanim Engin, Karnickelweg 7b›. Einige Behörden schreiben sogar «Herr Eminanim Engin». Selbst meine kleine Tochter Hatice spricht mich manchmal mit «Mama Osman!» an. Ich bin so verzweifelt, daß ich, wenn ich unter der Dusche stehe, öfters nachschauen muß, ob ich noch der Mann im Hause bin. Danach bin ich wieder ein klein wenig beruhigt. Aber nur bis zum nächsten Brief. Auf dem natürlich wieder steht: ‹An Herrn Eminanim Engin, Karnickelweg 7b.› Danach muß ich sofort wieder unter die Dusche.

Wenn man einem Menschen 40mal sagt, daß er doof ist, beim 41sten mal glaubt er es. Beim 41sten Brief war ich dann auch soweit. Wie von den geheimnisvollen Kräften des Jupiters geleitet, trieb es mich ins Schlafzimmer. Diesmal ging ich aufs Ganze. Ich riß die Tür des Kleiderschranks auf und packte mir den kurzen blumengemusterten Rock meiner Frau. Er paßte wie angegossen. Dazu zog ich mir noch die schwarzen Strapse und den lila BH Größe 140 Z an. So lief ich auf die Straße und mischte mich dort unter die Demonstranten gegen den Tiefflugterror. Abends war ich dann in den Hauptnachrichten im Fernsehen zu sehen. Als tragisches Beispiel dafür, was der Fluglärm aus einem machen kann.

Nach diesem Ereignis hatten meine Kinder große Mühe, meine Frau von ihrem Plan abzubringen, sich von ihrem Ehemann, dem perversen Transvestiten, scheiden zu lassen. Ich mußte ihr auf alles, was mir heilig ist, schwören, nie wieder mit schwarzen Strapsen auf die Straße zu gehen; was mir wirklich sehr schwer fiel. Aber ich sehe ein, daß man selbst Opfer bringen muß, um sich ein harmonisches Eheleben zu erhalten. Das größte Problem war jedoch, die ganzen Männer aus der Nachbarschaft wieder loszuwerden. Jeder von denen behauptete, niemand verstehe die schwierige, seelische Situation einer Frau, die in einem männlichen Körper festgehalten wird, besser als sie. Ich schickte sie alle wieder weg und sagte: «Danke, ich habe schon einen Liebhaber.»

Aber sollte nicht auch meine Frau mal Opfer bringen, um unser harmonisches Eheleben nicht in Gefahr zu bringen? Immer wenn sich die Gelegenheit bietet, versuche ich anzudeuten, daß es mich sehr stört, daß sie zu Hause die Hosen anhat. Darauf antwortet die zweitgrößte Nervensäge des Mittleren Orients regelmäßig, ohne sich in der Küche beim Zucchinibraten stören zu lassen: «Osman, du bist wirklich ein perverses Schwein. Soll ich denn zu Hause vor all den Kindern ohne Höschen herumlaufen?!» Worauf sie von der gesamten Familie Zustimmung bekommt; einschließlich der gebratenen Zucchinis.

Kürzlich wollte ich ausnahmsweise mal meine Tochter selber

vom Kindergarten abholen. Die Erzieherinnen ließen mich nicht rein, weil sie nicht wußten, wer ich bin. Ich schlug vor, daß man Hatice holt, damit sie bestätigt, daß ich ihr leiblicher Vater bin. Hatice kam mit mürrischem Gesicht an die Tür, denn man hatte sie aus ihrem Spiel gerissen, und sie sagte: «Diesen Kerl mit so einem häßlichen Schnurrbart kenne ich gar nicht. Das ist bestimmt so ein Triebtäter.»

Da war ich dann wieder ganz alleine mit meinen Problemen. Alleine auf dieser erbarmungslosen Welt. Alleine in diesem modernen, gefühllosen Europa. In diesem kühlen, herzlosen Deutschland, nicht weit weg von den kalten Stadtmusikanten aus Blech, in Bremen, Karnickelweg 7b. Zu Hause bei Herrn Eminanim Engin. Verglichen mit meinem Elend kann ich doch über die Menschen nur lachen, die Arbeitslosigkeit, Atomkrieg, Ozonloch oder die Ausrottung der Xanthorrhoea als Probleme ansehen. Einige Male habe ich mich selbst dabei ertappt, wie ich verzweifelt darüber nachgedacht habe, was denn mein Mädchenname vor der Hochzeit gewesen ist. Bis mir dann schließlich einfiel, daß es Fatima war.

An einem regnerischen, dunklen, häßlichen Montagmorgen gehe ich nach unten zum Briefkasten, um die Post abzuholen. Wegen des schlechten Wetters habe ich bereits so miese Laune, da können auch die an meine Frau adressierten Briefe nicht mehr viel anrichten. Bei Allah, jetzt schreiben sogar meine Eltern aus der Türkei nicht mehr meinen Namen auf die Briefe. Diesen Monat werden sie keinen Pfennig von mir bekommen. Die sollen mal sehen, wovon sie dann ihre Miete bezahlen. In diesem Moment höre ich den Lärm auf der Straße. Die Müllabfuhr leert gerade die Abfalleimer. Ich laufe nach draußen, um unseren leeren Mülleimer hereinzuholen. Der Müllmann kippt gerade den Eimer in den Wagen und reicht ihn mir anschließend herüber: «Bitteschön, Herr Engin.»

Ich traue meine Ohren nicht.

«Wie bitte, was meinen Sie?»

«Hier, nehmen Sie Ihren Mülleimer, Herr Engin.»

Ich springe dem Müllmann um den Hals und ersticke ihn unter Küssen. Für mich ist heute der schönste Tag meines Lebens. Die Sonne scheint, die Vögel zwitschern, die Mülleimer klappern, und der Müllmann küßt mich zurück. Der heutige Tag sollte zum Nationaltag erklärt werden. Meine liebe Frau, die liebste Ehefrau aller Zeiten, hatte auf unseren Mülleimer den Namen ihres Ehemannes geschrieben. Unser Mülleimer trägt meinen Namen. Früher erkannten wir ihn lediglich an dem schwarzen Fleck auf seinem Deckel. Jetzt ziert ihn der volle Name seines Herren.

Seit jenem Tag stelle ich unseren Mülleimer immer schon zwei Tage früher an die Straße. Genau an die Straßenecke, so, daß er von allen Seiten aus gut sichtbar ist. Ich hole ihn auch immer persönlich bei meinem Müllmann ab: «Bitteschön, Herr Engin. Ihr Mülleimerchen!»

«Wie bitte?»

«Bitte, nehmen Sie Ihr Mülleimerchen, Herr Engin!»

«Was sagten Sie eben?»

«Hier Ihr Engin, Herr Mülleimer!»

«Wie war das nochmal?»

«Hau endlich ab, du Spinner!»

Engin gegen Engin

Es ist aus! Die zweitgrößte Nervensäge des Mittleren Orients und ich haben uns gestern scheiden lassen. Und dies nach 25 Jahren Eheleben und fünf gemeinsamen Kindern – das ist natürlich nur eine Spekulation von mir, daß alle diese Kinder von uns beiden gemeinsam sind. Ich habe da so meine Zweifel! Insbesondere bei Mehmet, unserem dritten. Der ist irgendwie ganz anders als ich, viel intelligenter und auch noch hübscher. Werter Leser, Sie werden jetzt natürlich sofort sagen: «Das geht doch gar nicht, daß ein Mensch noch intelligenter und hübscher als Osman ist.» Doch, doch, es geht! Ich kann's auch kaum glauben. Aber seit Mehmet muß ich der Wahrheit ins Gesicht sehen.

Es ist nicht so, wie noch vor zwei Jahren, als Eminanim zur Kur ins Frauenhaus gegangen ist. Wir haben uns wirklich endgültig scheiden lassen, mit allem Drum und Dran. Gerichtlich und religiös. Der Koran liefert die Scheidung nach einer wesentlich unbürokratischeren und preisgünstigeren Methode als die weltlichen Gerichte. Ich brauchte nämlich nur dreimal laut hintereinander zu rufen: «Ich bin geschieden, ich bin geschieden, ich bin geschieden!» Sich gerichtlich scheiden zu lassen, ist dagegen schrecklich umständlich und vor allem wahnsinnig teuer. Aber die Familie Engin – ich – hat keine Mühen und Kosten gescheut, um sich endgültig scheiden zu lassen. Länger als 25 Jahre kann kein Magen angebrannte Bohnensuppe ertragen! Diese Scheidung war reine Notwehr. Das hat der Richter auch sofort eingesehen.

An dieser Stelle möchte ich mich vor der ganzen Welt dafür entschuldigen, daß ich meine Leser ständig mit der Existenz meiner Frau tyrannisiert habe. Doch Sie, liebe Leser, tragen dar-

an keine Mitschuld. Ich alleine war schuld, weil ich sie freiwillig geheiratet habe. Vielleicht tragen meine Eltern noch Mitschuld, weil sie in diesem Fall etwas fahrlässig gehandelt haben. Ein bißchen Mitschuld an dieser Heirat hatten auch die langen Messer von ihren kurzen Brüdern. Und die Schrotflinte des Schwiegervaters in meinem Rücken war damals auch ein sehr überzeugendes Argument.

Ich bitte die ganze Welt – incl. Bremen-Altstadt – um Entschuldigung. Aber ich war damals wirklich sehr jung. Und für diese Sünde – Heirat – habe ich bitter büßen müssen.

Diese Scheidung ist späte Rehabilitierung für mich. Wenn es noch einen Funken Gerechtigkeit auf dieser Welt gibt, dann müßte ich eine Wiedergutmachung als Schadensersatz für dieses endlose Leiden erhalten. 25 Jahre lang habe ich auf die elementarsten Menschenrechte verzichten müssen: freie Meinungsäußerung, Versammlungsfreiheit (mit Freunden in der Kneipe) und das Recht auf nicht angebrannte Bohnensuppe. Noch diese Woche werde ich die Menschenrechtskommission bei der UNO konsultieren.

Das Teilen des gesamten Haushalts, incl. der Möbel, war relativ einfach. Ich bin nämlich nicht so. Die Frau kann aus unserer Wohnung mitnehmen, was sie will. Alles, das heißt natürlich: alle ihre Kleider.

Ich will keinen von ihren Röcken behalten. Außerdem werde ich bestimmt nicht nochmal eine Frau heiraten, die BH-Größe 140 Z (Sonderanfertigung) hat.

Aber die Kinder aufzuteilen war dann doch etwas problematisch. Ich hätte natürlich sagen können, die Jungen bekomme ich, die Mädchen kannst du behalten. Aber das sage ich nicht, das denke ich nicht mal. Es wäre wirklich etwas chauvinistisch. Ich hätte auch sagen können, die Intelligenten und Hübschen behalte ich, und die Guterzogenen bekommst du. Aber dann hätte sie überhaupt nichts abbekommen. Sie sind alle intelligent und hübsch, schließlich bin ich der Vater.

Nur den Mehmet, den kann sie mitnehmen und bei seinem richtigen Vater abgeben. Schließlich einigten wir uns darauf zu losen, wir steckten die Kinder in einen Topf – bzw. die Zettel mit ihren Namen drauf. Erst als sie drei Kinder absahnte und ich nur zwei – einer davon war auch noch Mehmet – kam ich dahinter, daß das auch irgendwie ungerecht war. Ich hatte dann die grandiose Idee, jeder von uns bekommt zwei Kinder und den fünften – den Mehmet – geben wir zur Adoption frei.

Dann machte diese Frau den schwachsinnigen Vorschlag, daß die Kinder selber entscheiden sollen. Es ist ziemlich albern, den 25jährigen Recep, mit Schnurrbart und Lederjacke, auf den Fußboden zu stellen und dann von beiden Seiten zu rufen: «Recep, komm zu Papi», «Recep, komm zu Mami!» So, als hätte er gerade laufen gelernt. Vermutlich wäre er sowieso nicht zu einem von uns gegangen, sondern zu seiner Frau. Da geht er schließlich seit vier Jahren ständig hin.

Die Kinder durch die Mitte in zwei Stücke zu teilen, fand meine Frau nach längerem Überlegen etwas brutal. Auf so eine bescheuerte Idee könne nur Osman kommen, sagte sie.

Selbst meine Tochter Hatice meinte, sie würde lieber ganz bleiben und dafür auf Papi verzichten. Und meine Versuche, die Kinder, unbemerkt von der Weltöffentlichkeit, zu bestechen, wurden von meiner Frau – ex – jedesmal erfolgreich vereitelt.

Letzten Endes einigte ich mich darauf, die Kinder selbst entscheiden zu lassen, und zwar jeweils an ihrem 48. Geburtstag. Kein Kind der Welt würde es bei dieser Mutter schaffen, früher als mit 48 Jahren mündig zu werden.

Egal wie, wir müssen bald eine Lösung finden. Denn ich kann nicht länger mit dieser Nervensäge unter einem Dach leben. Als wir gestern die Scheidungsurkunde bekamen, flippte sie völlig aus und schrie mich hysterisch an: «Osman, damit du es weißt, alle meine Orgasmen der letzten 25 Jahre waren nur vorgespielt, du elender Versager!» Aber ich konterte ohne rot zu werden: «Mach dir nichts draus, meine auch!!»

Die Hochzeit

Eine wahrhaft königliche Hochzeit mußte ich ihr versprechen, damit die zweitgrößte Nervensäge des Mittleren Orients mich zum zweiten Mal heiratet. Und dazu den Himmel auf Erden, samt Ozonloch und Spionagesatelliten. Eine Hochzeit ganz in Weiß, nicht mehr und nicht weniger. Alle ihre Freundinnen müssen in weißen Rolls-Royce-Limousinen abgeholt werden, und später gibt es eine Hochzeitsreise in die Karibik, zusammen mit meiner Schwiegermutter. Ich darf aber zweimal die Woche dort anrufen. Als Hochzeitsmusik besteht meine Braut auf einem Duett von Madonna mit Heino. Madonna zu bekommen war kein Problem, aber Heino wollte nicht. Als persönlichen Kriegsberichterstatter, der die Außenwelt über unsere Familienkriege live informiert, will sie einen gewissen Peter Arnett haben. Die CNN ist einverstanden, nur müssen wir das Ende des nächsten Krieges abwarten.

Ich habe alles gut organisiert. Die fünf weißen Rolls-Royce fahren vor. Die angemietete Stadthalle ist brechend voll. Alle Leute, die zu geizig sind, um für andere Veranstaltungen Geld auszugeben, gehen zu türkischen Hochzeiten. Hier gibt's alles gratis, Essen, Trinken und ‹tolle› Musik.

Und die türkischen Hochzeiten sind natürlich auch gleichzeitig öffentliche Heiratsmärkte. Jeder sucht hier eine Frau oder einen Mann. Wenn nicht für sich, dann für den Sohn des Onkels oder für die Tante des Nachbarn.

Meine Frau sitzt am Hochzeitstisch; ich darf mich dazusetzen. Meine alte und neue Schwiegermutter kommt angelaufen und sagt: «Osman, du mußt deine Gäste willkommen heißen.»

Das bedeutet, ich muß jedem einzelnen die Hände küssen oder schütteln! «Schwiegermama, ich kenne hier keinen einzigen. Ich habe keinen davon eingeladen!»

«Osman, das ist deine Hochzeit, benimm dich!»

Meine kleine Tochter fragt ihre Mutter, wo sie denn bei der ersten Hochzeit war. Sie kann sich nämlich überhaupt nicht daran erinnern.

«Meine Tochter, du warst damals noch nicht auf der Welt.»

«Aber Mami, wo war ich denn dann?»

«Du warst bei mir im Bauch.»

Hatice fragt voller Entsetzen mit großen Augen: «Mama, hattest du mich etwa aufgegessen? Wegen eines Mannes frißt du deine eigenen Kinder auf?!»

Ich sehe ein, daß ich Eminanim aus dieser schwierigen Situation heraushelfen muß. «Also, Hatice, meine liebe Tochter, die Fortpflanzung des Homo sapiens ...»

«Osman, halt's Maul», schreit mich meine Frau von der Seite an, ich glaube, unser Ehealltag hat schon wieder begonnen. Ein Glück, daß Peter Arnett seine Arbeit noch nicht aufgenommen hat.

Wir werden vom Mann am Mikrofon unterbrochen und in die Mitte des Saals gerufen. Was jetzt kommt, kenne ich von meiner ersten Hochzeit. Stundenlang müssen wir wie die Schaufensterpuppen herumstehen und werden von den übrigen von oben bis unten umdekoriert. Mit Sicherheitsnadeln werden Geldscheine an unseren Kleidern befestigt.

Und der Mann am Mikrofon macht eine Riesen-Show daraus: «Und wen sehen wir da, da kommt sie: Tante Fatima, und sie schenkt dem Brautpaar hundert Mark! Und da kommt auch schon der nächste: Onkel Hasan, auch mit einem Hundertmarkschein. Es ist unvorstellbar, wie großzügig die Familie der Braut ist.»

Ich kann meinen Ohren nicht trauen. Der Kerl lügt wie ge-

druckt. Das sind doch nur Zehnmarkscheine. Die Familie meiner Frau muß den Kerl am Mikrofon bestochen haben.

Seit Stunden stehe ich hier und lasse geduldig alles mit mir machen. Der Stich einer Sicherheitsnadel gibt mir meinen Verstand wieder zurück. Bei Allah, warum mache ich diesen Quatsch eigentlich mit?! Ich hatte mir doch gerade erst meine Freiheit mühsam wieder erkämpft. Warum heirate ich eigentlich schon wieder? Und dann auch noch die gleiche Frau, mit der gleichen Schwiegermutter. Warum arbeite ich eigentlich in Halle 4? Warum zahle ich immer noch Zinsen für diese Kredite? Warum lebe ich im kalten Deutschland? Warum liege ich nicht in der Sonne von Hawaii? Ich glaube, mich hat die Midlife-Crisis voll erwischt. Ein schwerer Anfall von Selbstmitleid.

Nach einigen Stunden habe ich auch diese Midlife-Crisis und die Hochzeitsfeier überlebt. Ein Rolls-Royce fährt das glückliche Paar – mich und meine Frau – die 150 Meter zu unserer Hochzeitssuite im Park-Hotel. Oh, wie habe ich mich auf diese Hochzeitsnacht gefreut! Unsere Leidenschaft kennt keine Grenzen! Es sind die vier schönsten Minuten meines Lebens. Aber was sehen meine entsetzten Augen?! Kein Blut auf den Bettlaken! Trotz ihrer fünf Kinder ist meine Braut keine Jungfrau mehr. Wie konnte dies nur geschehen? Schande!! Meine Ehre ist am Boden zerstört! Gleich morgen gebe ich sie wieder ihren Eltern zurück!!

Abrasiert ins neue Jahr 1989

Zur Silvesterfeier sind wir von der Familie Zafer eingeladen worden. Zafer ist einer meiner besten türkischen Freunde und wohnt mit Frau und Kindern in Berlin-Kreuzberg. Wir wollen die drei Tage bei den Zafers wohnen und Silvester ganz toll als fortschrittliche Europäer in Ost-Berlin feiern. Denn, wie man sagt, wie du in das Jahr hineinkommst, so gehst du auch wieder heraus. Und deshalb wollen wir das neue Jahr in einem sozialistischen Land beginnen. Dort, wo es keine Arbeitslosigkeit gibt und natürlich auch keine Ausländerfeindlichkeit.

Mein Freund Zafer ist DDR-Experte! Vor zwei Jahren war er fast jede Woche in Ost-Berlin, weil dort eine seiner Freundinnen wohnte ..., bis seine Frau dahinterkam. Schon vor Monaten hat er zum Silvesterabend für uns alle in einem vornehmen Ostberliner Lokal reservieren lassen. Die Kinder und meine Frau sind überglücklich.

An der Grenze winken uns die Zollbeamten einfach durch, halten uns nicht mal eines Blickes für würdig. Hundert Meter weiter auf der DDR-Seite nimmt man uns dagegen ernster. Hier gilt der einzelne Mensch noch was. Mit ernstem Blick durchblättert der Beamte unsere Pässe. Er schaut sich jedes Paßbild genau an – und dann den Besitzer. Plötzlich schreit er meine Frau an, daß sie ihn gefälligst angucken soll. Er beäugt das Foto und dann meine Frau. Meine Frau und das Foto. Bei Allah, wie lange dauert das denn noch?! Er hat verdammt Glück, daß er jetzt in der besseren Position ist. Normalerweise hätte ich ihn meine Frau so lange nicht ungestraft anstarren lassen. Bei uns zu Hause wurden Leute schon für weniger erstochen.

Oder stimmt etwas mit dem Paß nicht? Haben wir vielleicht den von meiner Schwiegermutter dabei? – Nach 20 Minuten bekommt meine Gattin schließlich Halsschmerzen und setzt sich wieder richtig hin. Da brüllt der DDR-Beamte aufs neue los: «Wollen Sie mich auf den Arm nehmen, was fällt Ihnen ein? Ich lasse euch gleich an die Seite fahren, und dann könnt ihr zwei Stunden warten. Schauen Sie mich gefälligst an!»

Meine Frau ist stinksauer. Auf türkisch flehe ich sie an: «Schau den Affen doch an, reiß dich zusammen! Provoziere diesen Idioten nicht noch mehr, und mach bitte nicht so ein unfreundliches Gesicht», und rede dann auf deutsch weiter: «Bitte, schau den Herrn Zollbeamten an. In der knappen Stunde hat er bestimmt nicht genug von dir gesehen. Der Mann tut ja auch nur seine Pflicht. Zollbeamter zu sein, ist eine große Verantwortung und ehrenvolle Aufgabe, da darf man …»

«Halt's Maul! Dich habe ich nicht nach meinen Aufgaben gefragt», bellt der zurück.

Nach einer weiteren halben Stunde gibt er uns die Pässe zurück. Ein Glück, denke ich, daß meine Tochter zum Anschauen noch zu klein ist. Wir folgen der Autoschlange durch die Grenzanlage und kommen zu einer winzigen Holzbaracke, in der schon wieder ein DDR-Beamter sitzt. Ich kurbele gerade das Fenster runter, da brüllt er mir von links ins Ohr: «Was denken Sie sich eigentlich?!»

«Ich denke, ich muß Ihnen die Pässe geben!»

«Ich will wissen, was Sie sich dabei denken, ein Verkehrsschild zu mißachten?»

«Entschuldigung, ich habe nirgendwo ein Verkehrsschild gesehen.»

«Auf dem Verkehrsschild hinter Ihnen steht, daß Sie nur ranfahren dürfen, wenn ich Sie herwinke.»

«Oh, verzeihen Sie! Das muß ich übersehen haben.»

«Sie haben ein Verkehrszeichen nicht beachtet. Was machen wir nun mit Ihnen?»

«15 Jahre Zwangsarbeit in Sibirien und das in Unterhosen», lästert meine Frau auf türkisch.

«Ich weiß es nicht! Möchten Sie vielleicht ein paar Pistazien?»

«Wie bitte?! Sie versuchen einen Zollbeamten zu bestechen?»

«Aber nein, so war das nicht gemeint.»

«Ein Gastarbeiter aus dem Westen versucht einen DDR-Zollbeamten zu bestechen!»

«Ist Sibirien immer kalt?», frage ich leise.

Als gebrochener Mann hocke ich in meinem Ford-Transit und warte ergeben auf mein Urteil. So, als hätte ich das größte Verbrechen der Welt begangen. Doch, wer hätte es vermutet: Seine Antwort weckt in mir einen Hoffnungsschimmer, Sibirien zu entkommen. «Sie müssen für die Ordnungswidrigkeit 50 DM bezahlen. Und das mit der Bestechung wollen wir mal vergessen, wenn Sie die Pistazien rübergeben.»

Auf der Transitstrecke nach Berlin halte ich mich jetzt strikt an die vorgeschriebene Geschwindigkeit. Die Kinder beauftrage ich mit der Aufgabe, darauf zu achten, daß ich nicht einen Kilometer mehr oder weniger fahre. Kurz vor dem Berliner Ring werden wir von der Volkspolizei angehalten. «Sie sind lange Zeit auf der linken Spur gefahren. Das kostet Sie 80 DM!»

«Aber die rechte Spur war doch wegen Reparaturarbeiten abgesperrt!?»

«80 Mark!»

«Aber, ich ...» Ich denke an meine Frau, ich denke an Sibirien!

«Hier, bitteschön, Ihre 80 Mark.»

Dann sind wir endlich an der Grenze. Und das ganze Spiel beginnt von vorne. Der DDR-Beamte starrt stundenlang auf die Paßfotos und dann genauso lang auf meine kleine Tochter. Und ich hatte gehofft, sie wäre mit ihren neun Jahren zu klein zum

Anschauen. «Hier fehlt ihre Unterschrift», sagt er und weist auf die Stelle, wo ‹Ehepartner› steht.

«Das heißt ‹Ehepartner› auf türkisch», helfe ich ihm. «Meine Tochter ist noch nicht verheiratet und hat deshalb noch keinen Ehepartner.»

«Wollen Sie mich für dumm verkaufen?! Hier fehlt ihre Unterschrift!»

«Aber so glauben Sie mir doch, sie ist noch nicht verheiratet!»

«Fahren Sie rechts ran, und gehen Sie in das Gebäude dort drüben!»

Bei Allah, ich glaube, meine Tochter muß mit nach Sibirien. Sie ist doch so mager und steht das Arbeitslager und die Kälte bestimmt nicht durch. «Aber der Paß ist absolut in Ordnung.»

«Sie müssen zurück in die BRD, hier fehlt ihre Unterschrift», wiederholt der Zöllner unerbittlich.

Nach stundenlangen Diskussionen ist seine Schicht endlich beendet, und er geht. Ein neuer Beamter kommt, und der ist wesentlich praktischer. Er sagt, wir könnten durchfahren nach West-Berlin, wenn meine Tochter unterschreibt. In der DDR heiraten die Mädchen offensichtlich früher als in Anatolien.

Während meine Tochter ihren Paß an der Stelle des Ehepartners unterschreibt, ruft mein Sohn auf türkisch: «Schwören Sie, daß Sie in guten und schlechten Zeiten einander die Treue halten werden!» Ich nehme an, meine Tochter ist zur Zeit der einzige Mensch auf Erden, der mit sich selbst verheiratet ist. Aber, egal. Nach der Zahlung von insgesamt 130 Mark Bußgeld, zwei Kilo Pistazien und der Heirat meiner Tochter mit sich selbst kommen wir endlich nach West-Berlin.

Als ich bei Zafer in Kreuzberg auf der Couch liege, bin ich mit den Nerven völlig fertig. Ich habe so schlechte Laune, daß ich vorschlage, Silvester um ein halbes Jahr zu verschieben. Aber mein Vorschlag wird allgemein abgelehnt. «Wenn du durch

Bulgarien fahren mußt, um Urlaub in der Heimat zu machen, dann bist du auch entnervt, aber deshalb verschiebst du deinen Urlaub doch nicht», bemerkt Zafer.

Früh am Silvesterabend fahren wir also zum Grenzübergang, damit wir es auch garantiert bis zum Abend schaffen. Und natürlich fängt die ganze Prozedur von vorne an. Die Westberliner Polizei würdigt uns keines Blickes, der DDR-Zöllner kassiert unsere Pässe und verschwindet. Dann kommt er zurück und schaut uns allen tief in die Augen. So, als suche er seinen Großonkel, den er vor 12 Jahren verloren hat. Bei mir bleibt er stehen. Wenn es doch wenigstens ein weiblicher Zollbeamter wäre!

«Der Schnurrbart, da», sagt er schließlich, «muß ab! Auf dem Paßfoto ist keiner. So kann ich dich nicht identifizieren.»

Ist der Kerl wahnsinnig?! Von meinem größten Stolz soll ich mich trennen? Seit Jahren züchte ich dieses Prachtexemplar! Ein türkisches Familienoberhaupt ohne Schnurrbart, wo gibt's denn so was?

«An meinen Schnurrbart lasse ich keinen ran!» rufe ich.

Doch Zafer faßt mich am Arm und sagt: «Komm, Osman, gib dir einen Ruck. Schneid den Bart ab. Der wächst ja nach. Das Essen in dem Restaurant ist das Opfer wert.» Als auch noch die Kinder zu heulen anfangen, gebe ich zähneknirschend nach.

Ich gehe in den Toilettenraum und trenne mich schweren Herzens von meinem Schnurrbart. Völlig nackt – ich meine, schnurrbartlos – betrete ich danach die Schalterhalle. Im Spiegel erkenne ich mein eigenes Gesicht nicht wieder und vergehe vor Scham. Zafer versucht mich zu trösten: «Du, das sieht doch gut aus, macht dich mindestens zwei Tage jünger.» Die Kinder, die gerade noch geheult haben, lachen jetzt hämisch hinter meinem Rücken.

Immerhin, wir dürfen weiterfahren. Ich bedecke meine Blöße mit der linken Hand und gebe Gas.

Zwanzig Meter weiter steht das nächste Zollhäuschen. Wieder kommt ein Beamter, sammelt unsere Pässe ein und dreht um. «Ich fürchte, daß er jetzt sagt, wir lassen Türken ohne Schnurrbart nicht rein.»

Nach einer langen Weile kommt der Zöllner zurück: «Hier sind eure Pässe, ihr könnt weiter. Aber der bleibt hier!» Er zeigt mit dem Finger auf Zafer.

«Aber der hat doch keinen Schnurrbart!» rufe ich. Zafer ist auch sehr überrascht. «Ich war schon so oft in Ost-Berlin. Warum komme ich jetzt nicht rein?» fragt er.

«Das ist richtig. Früher waren Sie sehr häufig in der Hauptstadt, aber in den letzten zwei Jahren sind Sie kein einziges Mal eingereist.»

«Das tut mir leid. Ich hatte soviel zu tun. Ich habe an den Wochenenden immer Überstunden gemacht und hatte einfach nicht die Zeit zu kommen.»

Der Beamte gibt mir die Pässe. «Ihr könnt weiterfahren, aber der muß aussteigen.» Hätte Zafer seine DDR-Freundin weiter besucht, wäre uns das jetzt nicht passiert! Warum müssen Ehefrauen auch immer so mißtrauisch sein.

«Lieber Herr Zollbeamter», versuche ich es auf die Sanfte, «lassen Sie uns bitte Silvester gemeinsam in der DDR feiern. Wir haben den Karl Marx mindestens genauso gern wie Sie.» Aber selbst das nützt nichts. Sie lassen uns mit Zafer nicht rein. Frustriert und fluchend kehren wir um. Hätten diese DDR-Typen das nicht vorher sagen können, bevor sie mir meinen Schnurrbart abrasiert haben?!

Nach diesem Erlebnis sind jetzt alle im Ford-Transit mit meinem Vorschlag einverstanden, Silvester um sechs Monate zu verschieben und im Sommer während des Urlaubs in der Türkei zu feiern.

Auf der Transitstrecke nach Bremen trinken wir den sogenannten Tee dafür eimerweise. Das Kännchen kostet bei uns drei Mark, hier aber nur 98 Pfennig. Wir machen also pro Kännchen zwei Mark Gewinn.

Wenn wir 65 Kännchen Tee trinken, bekommen wir die 130 Mark Strafe, die wir bezahlt haben, spielend wieder herein. Fehlen nur noch 28 Kännchen!

(Einen Tag, nachdem ich diese Geschichte an die SED in Ost-Berlin geschickt hatte, trat Honecker zurück. Und danach öffneten sie alle Grenzen.)

Ich war das Volk

Seit vielen Jahren lebe ich getrennt von meiner Ehefrau. Einige unserer vielen Kinder leben bei ihr. Wir waren uns eigentlich immer ganz sicher, daß es mit uns beiden nie wieder klappen würde. Unsere Eltern waren auch völlig dagegen. Im Laufe der Jahre ist zwischen meiner Frau und mir so eine Art Mauer entstanden, gewissermaßen eine Gefühlsmauer. Vor einiger Zeit begannen sich in der Familie meines Schwiegervaters Veränderungen abzuzeichnen, weil seine Firma kurz vor der Pleite stand. Plötzlich ist er zu seinem Schwiegersohn nicht mehr so unhöflich und streng wie früher. Ja, sogar seiner Tochter erlaubte er, sich wieder mit mir zu unterhalten. Aber meine Frau will von mir nichts wissen. Das Schlimme an der Sache ist: Sie verbietet meinen Kindern, mich zu besuchen.

Weil ihr Opa in letzter Zeit so freundlich zu mir ist, faßt sich meine kleine Tochter Hatice ein Herz und flüchtet über ein Nachbarhaus zu mir. Aber dabei muß sie alle ihre Kleider und ihr ganzes Spielzeug – drüben – bei der Mutter zurücklassen. Ich freue mich über die Flucht meiner Tochter so sehr, daß ich ihr noch an der Haustür 100 Mark Begrüßungsgeld und drei Bananen der Güteklasse drei schenke. Hatice ist so aufgeregt und beschimpft ihre Mutter und die daheim gebliebenen Geschwister als ‹elende Betonköpfe›. Mein Sohn Recep, der auch bei seiner Mutter wohnt, schließt sich auf dem Balkon ein und verlangt, zu mir herüber kommen zu dürfen. Als meine Frau Emine keine reale Chance mehr sieht, ihren Sohn unbemerkt von den Medien vom Balkon wieder reinzuholen, einigt sie sich mit mir darauf, daß ich ihn ausnahmsweise abholen darf. Als ich mit Recep gemeinsam auf dem Balkon stehe, kann ich meine Tränen kaum noch unterdrücken. Alleine mit sich im Chor schreit er: «Freiheit, Freiheit!! E-mi-ne, das tut weh!! Ich bin das Volk! Ich bin das Volk!!»

Meine Frau bezeichnet in ihren Presseerklärungen ihre Kinder Hatice und Recep als Republikflüchtlinge, denen sie keine einzige Träne nachweint. Meine älteste Tochter, die auch bei ihrer Mutter wohnt, demonstriert jeden Montag abend vor dem Schlafengehen im Wohnzimmer und schreit so laut sie kann: «Ich bin das Volk, ich bin das Volk! Mauer muß weg! Stasi in die Produktion! Brüder, zur Sonne zur Freiheit!»

Als ich meinem Sohn Recep auch die zustehenden 100 Mark Begrüßungsgeld und die drei Bananen überreiche, fangen meine beiden anderen Kinder, die immer bei mir gewohnt haben, an zu nörgeln: «Warum müssen wir von unserem bißchen Geld den ‹Zonis› noch was abgeben? Wir kriegen kein eigenes Kinderzimmer, und die Neuankömmlinge kriegen alles nachgeschmissen. Alles kriegen sie geschenkt, obwohl sie nichts zu der Entwicklung dieses Hauses beigetragen haben.» Recep, der seine Mutter gerade verlassen hat, gibt ständig Interviews und meint in der Tagesschau: «Unsere Zukunft kennen wir nicht. Aber was wir verlassen haben, das kennen wir genau!» Meine Hausnachbarn errichten Sammelstellen für den Strom von neuankommenden Mitgliedern meiner Familie. Frau Fischkopf spendet eines von ihren gebrauchten Unterhemden, und Herr Nöllemeier überläßt ihnen sein altes Pornoheft. Herr Sievers aber sagt: «Ich liebe die Familie Engin so sehr, daß ich glücklich bin, daß es zwei davon gibt.»

Meine beiden neu angekommenen Kinder müssen unten im Luftschutzkeller in Etagenbetten schlafen, weil wir keinen Platz mehr haben. Aber sie tun es gerne. Als sie in meinen Kühlschrank schauen, verschlägt es ihnen die Sprache. Sie sind geschockt vom immensen Warenangebot. Meine Tochter ist so begeistert, daß sie die Nacht im Kühlschrank verbringt. Am nächsten Tag muß ich sie in die Mikrowelle stecken, damit sie

wieder auftaut. Selbstlos und uneigennützig, wie ich bin, gestatte ich meinen Kindern, kostenlos Fernsehen zu schauen und meine Monatskarte zu benutzen. Sie sind auch die einzigen, die, ohne einen Pfennig bezahlen zu müssen, ins Badezimmer dürfen. Erschüttert bin ich jedoch darüber, daß meine Kinder von drüben noch konsumorientierter sind, als ich es jemals war. Hatte ich doch geglaubt, meine Frau würde sie mit ihren Idealen besser erziehen. Und zwar zu mehr Menschlichkeit, Brüderlichkeit, Ökologiebewußtsein und Konsumverzicht. Aber irgend etwas muß schiefgegangen sein. Die Erziehung hat wohl nicht richtig geklappt. Na ja, wie soll sie auch! Schließlich bin ich der Vater, dafür braucht man wohl eine andere Sorte Mensch.

Meine Frau ist völlig durcheinander. Die Flucht ihrer Kinder zu mir trifft sie so hart, daß sie zum ersten Mal über sich und ihren Lebensstil nachdenkt. Am 9. November verwandelt sich die zweitgrößte Nervensäge des Mittleren Orients – und Preußens – in einen Wendehals, wie man heutzutage auf neudeutsch sagt. Sie trägt verwegen kurze Röcke mit Nahtstrümpfen, hochhackige Schuhe und offenherzige Blusen. Emine ist einfach nicht wiederzuerkennen. Bei Allah, soll das etwa meine langjährige Ehefrau sein, die gerade ihren 40. Geburtstag gefeiert hat? Ich dachte immer, sie würde niemals aus diesen zugeschnürten, grauen, langweilen Kleidern herauskommen! Diese Veränderungen in ihrer Familie hat sie letzten Endes nur ihrem Vater zu verdanken. Der Corbatschok, mein alter Schwiegervater, ist nämlich unglaublich tolerant geworden. Am 10. November, in dieser historischen Nacht, rufe ich rüber: «Ihr steht nicht allein. Wir stehen auf eurer Seite. Wir sind und bleiben eine Familie.»

Ich stehe auf und singe zusammen mit meinen Kindern: «Einigkeit und Recht und Freiheit.»

Als die weggelaufenen Kinder die sensationelle Verwandlung ihrer Mutter sehen, trauen sie ihren Augen nicht. Als sie auch noch hören, daß im Hause ihrer Mutter alle ‹Brüder und Schwestern› für mündig erklärt worden sind, wollen einige sogar wieder zurückgehen. Ich verliere keine Zeit und stelle schnell einen ‹Zehnpunkteplan› auf, um die Wiedervereinigung mit meiner Frau zu organisieren.

Der wichtigste Punkt ist: Ich bin bereit, ihr ab sofort regelmäßig Haushaltsgeld zu geben, wenn sie mir dreimal täglich die Füße wäscht. Aber ihr Geld bekommt sie natürlich nur dann, wenn sie öffentlich Reue zeigt und sich total umstellt. Meine Frau und meine älteste Tochter lassen mir durch ihr Parteiorgan mitteilen: «Nach 40 Jahren Tyrannei haben wir jetzt endlich die Chance, uns selbst zu verwirklichen. Wer sich nicht wehrt, kommt an den Herd!»

Die unvernünftigen Kinder halten plötzlich zu ihr und pfeifen mich aus: «Osi, du Kohlkopf! Du elender Chauvi! Lieber Freiheit als Bananen!»

Mein Vater ist nur dann für unsere Wiedervereinigung, wenn meine Frau zu meinen Bedingungen zu mir kommt. Ihr Vater aber sagt: «Wir sind bereit, eure Wiedervereinigung im Geiste des neuen Denkens zu erörtern.» Emine bittet mich, ihr Hilfestellung für einen ‹Dritten Weg› zu geben. Ich habe Angst, daß sie zu einer Feministin wird oder gar die Mätresse eines anderen, wenn sie diesen ‹Dritten Weg› geht. Emine und die Kinder, die bei ihr sind, sind sehr skeptisch, was die Vereinigungskiste angeht.

Im Wohnzimmer und auf dem Klo haben sie große Transparente aufgehängt: «Demokratie jetzt! Wiedervereinigung, nein danke!» Nur meine kleine Tochter Hatice hält zu mir, sie möchte, daß wir wieder zusammenkommen. Ich habe ihr nämlich eine Barbiepuppe versprochen.

Meine beiden anderen Kinder, Mehmet und Zeynep, die schon immer bei mir gewohnt haben, ärgern sich maßlos über die Bevorzugung der Neuankömmlinge. Sie sagen: «Meine Banane gehört mit!» Sie haben heimlich die Spielzeug-Trabis, die

die anderen mitgebracht haben, verbrannt und anschließend ins Klo geschmissen. Aber erst nachdem sie sich darüber richtig lustig gemacht haben.

Mehmet fragte: «Warum haben Trabis keine Sicherheitsgurte?»

Und Zeynep antwortete: «Damit man sie nicht für Rucksäcke hält!»

Maradona-Scud

Beim Abendbrot will meine zweitgeborene Zeynep von meinem jüngsten Sohn Recep wissen, was es denn heute abend im Fernsehen gibt! Während er genüßlich seine Bohnensuppe schlürft – wie der Vater, so der Sohn –, schmatzt er: «Gutes Programm heute abend, Spanien gegen Kanada, Bayern gegen Werder und USA gegen Irak und nach Mitternacht Boris auf Steffi. Was willst du gucken?»

«Was ist denn zur Zeit am spannendsten?»

«Der Krieg natürlich, voll geiles Programm! Voll die Action! Mach mal die Nachrichten an.»

Das haben die Fernsehheinis nun davon, daß sie den Krieg wie einen Boxkampf präsentieren. Auf allen Kanälen gibt's nichts anderes zu sehen als die neuesten Modelle der Rüstungsindustrie. Dieser verdammte Krieg!

Ich kann keine Nachrichten mehr sehen. Nacht für Nacht werden Scud-Raketen abgeschossen. Raketen, die ein Vermögen kosten und nur dafür entwickelt wurden, damit sie Kamelfutter transportieren. Im letzten Moment werden sie dann jedesmal von den bösen Patriots-Raketen abgeschossen. Sollen denn die armen Kamele etwa vor Hunger krepieren, oder was? Die können doch nichts dafür! Und immer wieder wird der Antrieb links hinten getroffen. Die arme achte Schraube von hinten. Diese, die ich seit Jahren in unserer Fabrik anschrauben darf. Ich bin bereits zum Gespött meiner Kinder geworden. Jeden Abend machen sie sich darüber lustig, daß die von Papa in Deutschland gebauten Raketen nichts taugen. Ich kann das Wort Patriot nicht mehr hören. Mir blutet das Herz, wenn ich jeden Tag im Fernsehen meine armen, brutal abgeschossenen Raketen hilflos am Boden liegen sehe. Und als wenn sie es wüßten, zeigen sie die achte Schraube von hinten immer im Detail. Auf einer Schraube habe ich während der Großaufnahme sogar meine Handschrift wiederentdeckt: «Osi liebt Tanja.» Tanja arbeitet als Serviererin in unserer Kantine. Das Pentagon hat hinter diesem Satz eine verschlüsselte Botschaft vermutet. Ein Expertenteam von 24 Mann hat monatelang versucht, diesen Satz zu entschlüsseln.

Zu Hause ist die Situation schrecklich, aber am Arbeitsplatz ist sie unerträglich. Meine Kollegen sehen keinen Sinn mehr in ihrem Leben und ihrer Arbeit.

Es sind natürlich auch ihre Produkte, die jeden Tag von Patriots abgefangen werden. Gleich zwei von meinen Kumpels aus der Montagehalle sind vor lauter Kummer zu Alkoholikern geworden. Auf der spontan einberufenen Betriebsversammlung haben wir einen Verbesserungsvorschlag beschlossen: ab sofort soll die Gebrauchsanweisung auch auf Arabisch gedruckt werden!

Kollege Karl und ich machen uns auf dem Weg nach oben zum Chef. Dort sehen wir, daß er mit Gästen in einem Arbeitsgespräch ist.

«Während der Bombenangriffe sieht der Nachthimmel aus wie ein Weihnachtsbaum», sagt der mit der dicken Zigarre, «aber das ist noch gar nichts, wir arbeiten gerade an einer Bombe, die ‹O Tannenbaum› in der jeweiligen Landessprache singen kann. Aus unserem Katalog können auch ‹Lovestory› und ‹Spiel mir das Lied vom Tod› bestellt werden.»

«Das ist ja kein Wunder, daß die Jugend gegen Krieg ist, bei so langweiliger Musik», flüstert mir Karl leise ins Ohr.

«Zu Ihrer Information, meine Herren, wir arbeiten zur Zeit an der absolut humanen Biobombe», sagt der Spindeldürre, während er an seinem Sektglas nippt. «Bessere Cholera gibt es weltweit nicht im Angebot. Und unsere Lungenentzündung ist auch absolute Weltklasse.»

«Das ist noch gar nichts. Wir entwickeln die kinderfreundlichste Biobombe der Weltgeschichte. Bei uns sterben die Kinder nicht an so ekelhaften Krankheiten wie Cholera und Lungenentzündung, sondern kindgerecht an Masern, Windpocken und Kinderlähmung.»

Kollege Karl flüstert mir ins Ohr: «Du, Osman, aus dem wird nichts. Der Typ ist zu weich für dieses Geschäft.»

«Ich kann meine Tränen kaum unterdrücken», schluchze ich.

«Meine Frau kann nämlich die Kinder in der Dritten Welt nicht länger leiden sehen», ruft der kinderliebende Waffenfabrikant in die Runde.

Kollege Karl schüttelt sich vor Weinen: «Osman, so lange es so gute Menschen auf der Welt gibt, habe ich noch einen Funken Hoffnung.»

«Ja, Karl», sage ich, «Kinderlähmung statt Cholera und Bomben mit ‹Lovestory›- und ‹O-Tannenbaum›-Melodie. Das ist wirklich human. Von hier wird die gesamte bedürftige Welt mit solch menschlichen Waffen versorgt! Ich liebe unsere deutschen Rüstungsexporteure!» Der Dicke mit dem Bierbauch ruft: «Ich verstehe die Welt nicht mehr. Die Idioten von der Presse machen mir Probleme, weil ich da unten ein Schwimmbad und ein Museum gebaut habe. Was kann ich denn dafür, daß die das als Giftgasfabrik benutzen?!»

«Mir geht's nicht besser», sagt der Mann neben ihm, «ich hatte nur deshalb atombombensichere Kinderspielplätze unter die Wüste gebaut, um dort die armen Negerkinder vor dem Ozonloch zu schützen.»

Hoffentlich müssen diese armen, gutwilligen Menschen nicht so viele ‹Spesen› an deutsche Politiker zahlen. Wie sagt man so schön: «An deutschen Spesen soll die Welt genesen.»

«Ich will nur hoffen, daß die vielen anderen Schwimmbäder,

Rettungspanzer und Kunstdüngerfabriken, die ich in die übrige Dritte Welt geliefert habe, nicht auch für andere Zwecke mißbraucht werden.»

Unser Chef stimmt ihm zu: «Heutzutage kann man sich nicht mehr sicher sein, daß die harmlosen Produkte, die wir bauen, nicht irgendwann mal für andere Zwecke brutal mißbraucht werden. Zum Beispiel die Scud-Raketen, die wir perfektioniert haben, damit sie in den weiten Wüsten des Orients Kamelfutter transportieren, werden jetzt für Kriegszwecke mißbraucht. Das wirklich Tragische an der Sache ist, daß sie jede Nacht vor der gesamten Weltöffentlichkeit von den Patriots abgeschossen werden. Eine Katastrophe für unser Firmenimage. Aber unser nächstes Modell wird die Patriots austricksen, umspielen und mit dem Kamelfutter weiterfliegen: unsere sagenhafte Maradona-Scud!»

Nein, das sind keine herzlosen Kriegsexporteure, wie einige Leute aus purem Neid behaupten. Das sind alles friedliebende Menschen. Lauter Unschuldslämmer, Engel ohne Flügel und selbstlose Mini-Ghandis!!

Bei Allah, warum bin ich nie auf die Idee gekommen, mal nachzufragen, ob wir diese Raketen wirklich nur für den Kamelfuttertransport herstellen?! Ich glaube, weil ich die vier deutschen Eigenschaften voll übernommen habe: Nichts sehen, nichts hören, nichts sagen, aber dafür um so mehr Arschkriechen.

Feif Minit

Meinen Urlaub habe ich in der Türkei verbracht.

Einige Freunde haben mich in ihrem Wagen mitgenommen, aber zurück muß ich mit dem Bus fahren. Deshalb habe ich mir gleich bei meiner Ankunft in Istanbul für die Rückfahrt nach Bremen zwei Plätze reservieren lassen. Denn diesmal nehme ich meine Schwester mit nach Deutschland – auf den Paß meiner Frau. Sie sehen sich ziemlich ähnlich, meine Schwester und meine Frau. Beide haben zwei Arme, zwei Beine und Haare über den Augen. Und wie der Zufall so spielt, sie sind sogar beide Frauen. So kann man ein germanisches Gesetz mit osmanischen Tricks umgehen.

Am Rückreisetag sind wir bereits um 9 Uhr in Istanbul. Unser Bus fährt zwar erst um 11 Uhr, aber ich will zwei Stunden früher da sein. Ich will nichts riskieren. Sicher ist sicher. Wir sollen mit einem ganz modernen Bus fahren, mit Klimaanlage, Toilette, Liegesitzen, Bar, Sauna, Swimmingpool und Video. Istanbul–Bremen in 24 Stunden.

Der Warteraum der Busfirma ist genau das Gegenteil von dem Bus. Das alte Gebäude ist völlig heruntergekommen und mit Menschen überfüllt. Da hat man wieder nur an die deutschen Touristen gedacht, die lieben solche antiken Ruinen. Viele Holländer und Deutsche warten hier mit ihren Rucksäkken. Es riecht nach Schweiß und verbrauchter Luft. Da wir keinen Platz finden, stellen wir unsere Koffer zwischen die Stühle, und meine Schwester setzt sich obendrauf.

Es ist bereits 12 Uhr, aber nichts passiert. Langsam bekomme ich Hunger. Ich will nach draußen, um uns Frikadellen zu besorgen. Aber da hält mich ein Mann auf und sagt, daß der Bus gleich abfährt, in «feif Minit».

Das bedeutet auf französisch: «In fünf Minuten fährt der Bus ab.»

Nach einer Stunde, in der wieder nichts passiert ist, fasse ich noch einmal Mut, um Essen zu besorgen. Aber da stellt sich mir dieser Mann wieder entgegen. Diesmal bin ich schneller als er. Bevor er etwas sagen kann, rufe ich laut «Feif Minit, feif Minit» und setze mich wieder zu meiner Schwester auf die Koffer. Die Tomaten in dem Koffer sind bestimmt schon Ketchup. Meine Schwester muß vor Aufregung dauernd zur Toilette. Aber ich lasse sie nicht und sage ihr, daß der Bus gleich abfährt, in «feif Minit». Schließlich kann sie auch im Bus zur Toilette gehen, sogar mit Klimaanlage.

Nach knapp drei Stunden taucht der Mann wieder auf und brüllt in den Wartesaal, daß der Bus nach Deutschland vor der Tür steht. Endlich, wir stürmen alle nach draußen. Bei Allah, so ein wunderschöner Luxusbus. Die ganze elende Warterei, samt Fußgeruch und Ketchup, hat sich gelohnt. Wir fühlen uns in diesem Super-Bus wie die Könige. Aber unsere Amtszeit als Könige dauert nicht lange. Ein Mann mit Bierbauch und total verschwitztem Unterhemd kommt in den Bus und schreit uns auf deutsch an: «Nix da, nix da, raus hier! Euer Bus drüben!!» Ich erinnere mich, daß ich diese Sprache irgendwie schon gehört habe.

Der unhöfliche Kerl schmeißt uns also aus dem schönen Bus und schickt uns rüber zu einem anderen Bus. Nein, das ist kein Bus, das ist auch keine Krankheit. Krank zu sein, stelle ich mir schöner vor. Laut fluchend steigen wir alle in diese Mülltonne auf Rädern. Die vereinten Nationalitäten im Bus sind sich darin einig; diese Rostbeule wird Deutschland nie und nimmer erreichen. Nicht mal im Schlepptau.

Wir hatten Istanbul noch nicht einmal hinter uns, da hält der

Bus an einer Autowerkstatt. Der Fahrer informiert uns ausführlich: «Feif Minit, feif Minit.»

Es dauert dann auch nur sieben Stunden und feif Minit, bis das Getriebe ausgewechselt ist. Der Fahrer hatte lediglich die sieben Stunden unterschlagen. Na ja, das Wichtigste sind ja auch die feif Minit. Meine Schwester ist total unruhig, sie will immer noch zur Toilette. Sie glaubt nicht daran, daß sie mit dem Paß meiner Frau nach Deutschland rein darf. Ich beruhige sie, indem ich ihr sage, daß meine Frau es ja schließlich auch mit diesem Paß geschafft hat. Die Logik leuchtet ihr ein.

Mitten in der Nacht lassen wir Istanbul endlich hinter uns. Wir sind nicht mal eine Stunde gefahren, da gehen im Bus alle Lichter aus. Ich denke mir, die sind aber nett, sie wollen uns ungestört schlafen lassen. Ich schaue nach vorne und starre ins Dunkel, denn die Busscheinwerfer sind ebenfalls erloschen. Man kann überhaupt nichts sehen, es ist stockdunkel. Plötzlich bemerke ich mit Entsetzen, daß wir immer noch fahren. Ich hetze nach vorne und kläre den Ersatzfahrer darüber auf, daß der Busfahrer bei absoluter Dunkelheit ohne Scheinwerfer noch weiterfährt.

«Ach, das ist nicht so schlimm. Die Dunkelheit macht ihm nichts aus, er kann auch ohne Licht ungestört schlafen», beruhigt er mich mit sanfter Stimme. Ich kann's kaum glauben, unser Fahrer fährt tatsächlich mit geschlossenen Augen. Vor Angst wird mir ganz schlecht.

«Bitte, Bruder Busfahrer, weck ihn doch auf», flehe ich den Ersatzfahrer an. «Wieso», fragt der gelassen, «mein Kollege kennt die Strecke im Schlaf und der Bus auch.»

«Das mag schon sein, aber die Bulgaren lassen uns mit Sicherheit nicht ohne Licht rein.» Das Argument leuchtet ihm ein. Nach zwei Kilometern Schütteln ist der Busfahrer endlich wach.

«Was ist denn los», fragt er, «sind wir schon in Deutschland?»

Die ganze elektrische Anlage scheint kaputt zu sein. Die beiden steigen aus und halten eine vorbeiziehende Kamelherde an. Bis zur nächsten Werkstatt sind es 35 km. Dorthin reiten sie los, um einen Mechaniker zu holen. Dabei vergessen sie natürlich nicht, vorher «feif Minit» zu wünschen.

«Mit so einer Karre darf man bei uns nicht mal Schweine transportieren», sagt eine Deutsche von hinten.

Diesmal gehen die feif Minit schnell vorbei. In nur zwei Stunden sind die beiden wieder zurück. Auf Kamele ist eben Verlaß.

Nach genau 24 Stunden erreichen wir die bulgarische Grenze. Das ist eine echt tolle Leistung, wenn man bedenkt, daß es bis dort fast 300 km sind. «Das ist die schwierigste Grenze überhaupt», sage ich zu meiner Schwester, die mit verknoteten Beinen und dicken Augen neben mir sitzt. «Wenn du hier durchkommst, dann kommst du überall durch.»

Ein typischer, netter, bulgarischer Zollbeamter klettert in unseren fahrbaren Müllhaufen, tritt erstmal gegen jeden Koffer, den er erwischen kann, und reißt uns die Pässe aus den Händen. Dann kommt der Ersatzfahrer mit einem Wäschekorb im Arm und sagt, jeder müsse irgendwas geben. Auf die Art sammelt er billige Feuerzeuge, Zigaretten, Pfirsiche, Zitronen, Musikkassetten, Kugelschreiber, Toilettenpapier, Strumpfhosen, Bleistifte und Pornobilder und bringt sie zum bulgarischen Zoll.

«Dadurch warten wir mindestens zwei Stunden weniger», sagt er.

Meine Schwester war besonders großzügig, sie gab ihr schönstes Kopftuch mit Rosenmuster.

Die Fahrt durch Bulgarien kostet uns viele Stunden und Nerven. In Jugoslawien kommt mir der Verdacht, daß der klapprige Kasten etwas langsam fährt. Meine Vermutungen verstärken sich, als ich bemerke, wie uns auf der Autobahn eine Eselsdroschke nach der anderen überholt.

Auf der Höhe von Belgrad sage ich zu dem schwitzenden Deutschen auf dem Sitz vor mir: «Das ist aber teuer, für so eine Strecke 300 DM zu nehmen.»

«Wieso», fragt er, «ich habe nur 100 DM bezahlt.»

Ich werde total sauer und renne zum Fahrer. Der sagt: «Ist doch logisch, daß die Türken mehr bezahlen müssen. Schließlich bringen einige von diesen Türken ihre Schwester nach Deutschland, auf den Paß ihrer Frau», er schaut mich dabei so eigenartig an.

«Ach, wirklich? So was habe ich ja noch nie gehört», flüstere ich und verzichte darauf, ihn weiter beim Fahren zu stören.

Niedergeschlagen lasse ich mich in meinen Sitz zurückfallen, neben meiner Schwester, die dort inzwischen mit hochrotem Kopf und nasser Hose sitzt. In der jugoslawischen Sonne erfüllt sich wenigstens ein Versprechen des Busunternehmers, der gesamte Wagen verwandelt sich in eine fahrbare Sauna.

Frühmorgens erreichen wir die österreichische Grenze. Unsere beiden Fahrer sind spurlos verschwunden. Wir machen uns große Sorgen um sie, weil sie uns nicht «feif Minit» gesagt haben, bevor sie uns verließen.

Nach fünf bis sechs Stunden haben die Deutschen und die Holländer die Nase voll! Sie versuchen, nach Hause zu trampen. Ich frage den Grenzbeamten, ob er weiß, wo unsere Fahrer sind. Er sagt, die dürften nicht nach Österreich rein, weil sie kein Visum hätten. Ich flippe völlig aus. Wenn ich die Fahrer jetzt erwischen würde, dann gäbe es eine Schlägerei. Zum Glück fällt mir meine Schwester ein, mit dem Paß meiner Frau. Zu allem Unglück haben die beiden Fahrer auch noch versucht, die österreichischen Grenzbeamten mit einem Feuerzeug zu bestechen.

Nach weiteren fünf Stunden haben die Österreicher Erbarmen mit uns und geben den beiden Fahrern ein Visum. Als unsere Mülltonne auf Rädern endlich wieder anfährt, ist sie jedoch halbleer. Nur noch Türken sitzen im Bus. Nach einigen Kilometern stecken wir mitten in einem Tunnel, als unser Bus nicht mehr will. Das Benzin ist alle. Wir müssen aussteigen.

Nach zehn Kilometer und feif Minit Schieben kommen wir wieder ans Tageslicht. Es ist aber schon Abend. Und die Autoschlange hinter uns reicht bis nach Istanbul. In dem 573. Auto hinter uns in der Schlange entdecke ich meinen Arbeitskollegen Ali mit seiner Familie und winke ihm freundlich zu. Als wir endlich an der deutschen Grenze angekommen sind, entdecken die Zöllner dann noch zu allem Überfluß, daß die Autokennzeichen an unserem Bus gefälscht sind. Die Beamten lassen uns trotzdem nach Deutschland reinfahren, aber in Polizeibegleitung.

So hat es ja dann doch geklappt mit meiner Schwester. Nächstes Jahr werde ich versuchen, meinen Onkel nach Deutschland zu schmuggeln; auf den Paß meiner Tante.

In München angekommen, rufen die beiden Fahrer: «Hier Bremen-Stadtmitte, bitte aussteigen.»

Heavy Metal Mustafa

«Echt voll geil, Alter! Heavy Metal Party! Der Hell's-Angels-Club Norddeutschland lädt ein zum Jahrestreffen.» Mein alter Freund Nedim hält mir dieses Flugblatt nun zum zehntenmal unter die Nase.

«Weißt du eigentlich, wieviel tolle deutsche Frauen bei solchen Partys dabeisind, die alle nur auf uns warten? Du mußt nur einen guten Eindruck machen. Zieh deinen besten Anzug an.»

«Aber Nedim, wenn wir auf der Party zwei Mädchen aufgegabelt haben, wo sollen wir uns denn mit denen treffen?»

«Aber Osman, nichts ist einfacher als das! Beim erstenmal schickst du deine Frau und deine Kinder zu mir nach Hause, und wir treffen uns mit den Mädels bei euch. Und beim nächsten Mal machen wir es genauso.»

«Sag Bruder Nedim, ist es denn keine Sünde, eine deutsche Freundin zu haben, wenn man schon verheiratet ist?»

«Nein, Osman, hundertmal nein! Der Prophet sagt, wenn du eine schwarzhaarige Frau hast, dann darfst du nebenbei auch eine blonde Freundin haben. Und wenn du mit einer blonden Frau verheiratet bist, dann steht dir eine schwarzhaarige Freundin zu. So steht es jedenfalls im Koran. Seite 142!»

«Also, Nedim, die Stelle im Koran mußt du mir unbedingt mal zeigen. Ich habe den Koran jetzt schon zweimal durchgelesen. Aber ich kann mich beim besten Willen nicht an so was erinnern.»

«Dann war es eben in der Bibel, bei den Zeugen Jehovas oder bei den Mormonen. Seite 78!»

«Na, dann bin ich ja beruhigt. Aber wir müssen ganz raffiniert vorgehen. Damit man uns für Junggesellen hält, lassen wir unsere Eheringe zu Hause.»

«Ich will aber jetzt schon mal klargestellt wissen, daß du alle Mädchen, die ich geangelt habe, nicht anbaggerst.»

«Ist doch selbstverständlich unter guten Kumpels, daß jeder den Fisch essen darf, den er selber geangelt hat.»

Die zwei Tage bis zur Party wollten einfach nicht vorübergehen. Um einen besseren Eindruck zu machen, lassen wir meinen Ford-Transit zu Hause und fahren statt dessen mit dem todschicken Wartburg-Coupé von Nedim. Diesen ‹Sportwagen› hat er sich letzte Woche von einem Aussiedler andrehen lassen, der ihm dafür gleich zwei Säcke Kartoffeln abgeschwatzt hat. Das Lokal liegt ziemlich weit draußen auf dem platten Lande.

«Ich habe dir gesagt, mit dem Sportwagen kommen wir hier ganz groß raus. Keiner von den Gästen hat ein besseres Auto. Guck dir das an, nur Hunderte von Mofas.»

«Nedim, so große Mofas habe ich noch nie gesehen.»

Als wir endlich im Saal sind, schaut sich Nedim erfreut um. «Bei Allah, hier sind ja mindestens 67 Frauen. 47 für mich, 20 für dich.»

«O Nedim, wie gerecht du doch wieder durch zwei geteilt hast. Aber was machen wir mit den 400 Männern?»

«Die kannst du alle haben.»

Ich merke, daß unsere Chancen bei den Frauen nicht schlecht stehen. Denn die Männer hier laufen alle sehr ungepflegt rum: dreckige Motorradstiefel, zerrissene Jeans, mit Nieten reparierte Lederjacken, und beim Frisör waren sie auch schon lange nicht mehr. Was macht man hier bloß, um eine Frau zu angeln?

Ich hatte gehört, mit Geld anzugeben, das bringe was. Ich hole mein ganzes Bargeld heraus. Genau 23 Mark 40. Nicht viel, aber immerhin. «Nedim, kannst du mir ein paar Mark leihen?»

«Sag mal Osman, was machst du da eigentlich die ganze Zeit?!»

«Frauen angeln, was denn sonst?! Ich versuche, einen guten Eindruck zu machen.»

«Wie wäre es, wenn du mit lauter Stimme erzählst, wie gut du mit Frauen umgehen kannst. Damit die Mädchen hier merken, was für erfahrene Männer sie vor sich haben.»

Ich huste zweimal kurz, einmal lang und brülle los: «Also Nedim, das hättest du erleben müssen. Gestern wollte meine Frau mir doch tatsächlich keine Bohnensuppe kochen. Da habe ich sie an den Haaren gepackt und sie wie einen Mehlsack durch die Wohnung geschleift.»

«Mensch Osman, was erzählst du denn für einen Blödsinn, du Idiot!»

«Ich erzähle, wie gut ich mit Frauen umgehen kann. Das imponiert mächtig.»

Aus meiner Verzweiflung wird langsam Wut. Seit zwei Stunden sind wir nun auf dieser Party und haben immer noch keine Frau geangelt.

Dabei sind wir perfekt angezogen: frisch gebügelter Anzug, eine schöne, gelbe Krawatte mit großen, roten Punkten, glatt rasiertes Gesicht und zugegebenermaßen nicht perfekt glänzende Schuhe.

Dafür aber mit einem verführerischen, einladenden, männlichen, sympathischen, sexy Lächeln auf den Lippen. So einfach ist das gar nicht, dieses Lächeln mit zwei Lippen gleichzeitig zu schaffen. Dafür habe ich vorm Spiegel lange geübt.

«Hey, Ali, haste ma Feuer für mich?» Mit diesen Worten bittet mich ein wunderschönes, blondgelocktes Mädchen um Feuer. Endlich, meine erste Eroberung auf diesem Hell-Angler-Treffen.

«Sie verwechseln mich, Madame. Ich bin nicht Ali. Ich bin Osman. Aber für blonde Mädchen wie Sie nur Osi.»

«Hey, Alter, ist mir egal, ey. Für mich heißen alle Türken Ali.»

Ich kann mir nichts Schöneres vorstellen, als daß dieses bezaubernde Wesen seine Zigarette mit meinem Feuer anzündet. Sie, die schönste Frau von Deutschland. Die schönste Frau aller sieben Industriestaaten; ihre Zigarette und mein Feuer.

«Ey, Alter, biste taub oder was?» Hastig hole ich mein Feuerzeug raus. Nein, das ist die Zahnstocherbüchse. Wo ist dieses Feuerzeug?! Das hier ist die Dose für meine dritten Zähne. Und Nedim kann ich nicht um Hilfe bitten. Der Hund würde mir sofort meinen Fang wegschnappen.

Die Blondine faucht mich genervt an: «Schau doch mal in deiner Unterhose nach, Opa!»

Endlich finde ich das Feuerzeug. «Hier ist das Feuer. Nur für dich, ooh du meine Rose des Abendlandes.»

«Mach mich nich' an. Geh in' Puff, du Wichsa!»

Mit diesem herrlichen Satz, dem schönsten, den je eine Frau zu mir gesagt hat, verabschiedet sich dieser Engel von mir. Noch lange höre ich in meinen Ohren das romantische Klirren ihrer Ketten, die überall an ihrer Lederjacke hingen. «Geh in' Puff, du Wichsa. Kling klang, ding dong, garc gurc!» Mit halbem Auge bemerke ich, wie mich Nedim total neidisch anschaut.

Aber dabei blieb es. Das war das einzige Verhältnis, das wir dort mit Frauen hatten. Nach fünf Stunden geben wir beide entnervt auf. Rings um uns herum liegen 400 betrunkene Hell Angler auf dem Boden. Und können überhaupt nicht mehr angeln. «Du, Nedim, das verstehe ich nicht. Wir sind so vornehm angezogen, aber die Frauen gehen alle zu den Jungs mit kaputten Hosen und Lederjacken.»

In der Sekunde torkelt einer von diesen langhaarigen Männern mit Jeans-Weste und Sicherheitsnadel im Ohr auf uns zu und reißt unsere Anzüge blitzschnell in Stücke. Nach einer

Minute sehen wir kaputter aus als alle Hell Angler im Raum zusammen. Als hätte uns eine Kamelherde überlaufen. Der Riesenkerl steht immer noch vor uns und knurrt: «So, nun versucht euer Glück bei Frauen mal in dieser Aufmachung.»

Nedim und ich schauen uns gegenseitig an. Wenn unsere Ehefrauen uns jetzt sehen könnten, sie würden denken, wir hätten einen kurzen Dialog mit den Skinheads gehabt. Mit hängenden Schultern und hängender Brusttasche gibt Nedim dem Kerl die Hand und sagt: «Vielen Dank für deine Mühe, mein Junge. Das wäre nicht nötig gewesen. Wie heißt du denn?»

Während er sich langsam wieder zu seinen Saufbrüdern in die Pfütze legt, lallt er auf türkisch: «Mustafa heiße ich, Opa; Mustafa. Heavy Metal Mustafa.»

Weeeerda, Weeeerda!!

Heute will ich ins Fußballstadion. Werder hat Heimspiel! Fußball, das ist dieses Spiel, wo 22 erwachsene Menschen wie Kinder hinter einem einzigen Ball herlaufen, so pflegte sich seinerzeit mein Vater auszudrücken. Aber mein Vater hatte auch nie eine so tolle Werder-Pudelmütze wie ich.

Wochen habe ich dafür gekämpft, bis meine Frau mir das Geld für die Stehplatzkarte aus der Haushaltskasse genehmigt hat. «Wie komme ich denn dazu, unser bißchen Geld für solch einen Schwachsinn auszugeben?! Seit zwei Monaten bekommen wir nicht mal mehr Arbeitslosenhilfe. Unseren Eltern in der Türkei können wir schon lange kein Geld mehr schicken. Seitdem du arbeitslos bist, reden nicht mal mehr die Nachbarn mit uns, geschweige denn die Deutschen, und von den Giraffen und Zebras im Zoo nebenan will ich gar nicht erst reden.»

Ja, das alles hat sie mir an den Kopf geknallt. Das mit den deutschen Nachbarn ist eigentlich nicht so wichtig, die haben uns noch nie beachtet. Unsere türkischen Nachbarn reden nicht mehr mit uns, weil ich im Café keinen mehr ausgebe. Und die Zebras sind stinksauer, weil sie kein Futter mehr von uns kriegen. Vor allem die Sache mit den Zebras ärgert meine Frau kolossal.

Doch ich muß zugeben, daß ich wichtigere Sachen im Kopf hatte, während sie so mit mir schimpfte: Schickt der Trainer Werder Bremen heute mit zwei oder drei Stürmern auf den Platz? Und spielen sie heute in Strapsen oder mit Strumpfhosen, weil es so kalt ist? Meine Frau brachte meine Gedanken völlig durcheinander. Trotzdem faßte ich einen wichtigen Entschluß: Wenn ich demnächst wieder Zebrageld bekomme, sorge ich

dafür, daß Werder zum Arbeitsamt gehen kann, damit die deutschen Stürmer endlich durch Giraffen ersetzt werden.

Aber das alles habe ich meiner Frau natürlich nicht erzählt. Sie versteht vom Fußball ungefähr genausoviel wie vom Arbeitslosendasein. Dabei ist letzteres wohl der schwierigste Job, den man sich vorstellen kann. Immerhin, langsam komme ich hinter die Feinheiten, wie man diesen Beruf erfolgreich ausüben kann. Meiner Karriere als Langzeitarbeitsloser steht nichts mehr im Wege. Ich greife mir meine grün-weiße Fahne und die Trillerpfeife aus der Tiefkühltruhe und mache mich auf den Weg ins Stadion.

Unterwegs zieht mich ein kleiner Junge an meinem grün-weißen Dreimeterschal.

«Onkel, gegen wen spielt Werder heute?»

«Gegen den 1. F. C. Bayern-Müttergenesungswerk.»

«Was, wo kommen die denn her?»

«Direkt aus dem Wald!»

«Weeeerda, Weeeeerda!!»

Zusammen mit der großen Menschenmenge treibe ich Richtung Stadion. Meine Fahne schwenke ich, so wild es geht. Der Mann neben mir mit dem grün-weißen Trikot über dem Pullover brüllt: «Heute kriegen die Bayern was auf die Nüsse!»

«Aber volle Kanne», schreit neben ihm der Typ mit der höllisch lauten Sirene.

Hier in der Kurve werde ich von den Fans fast erdrückt, während ich einen Stehplatz suche. Wegen der zwei Meter großen Gorillas direkt vor mir bekomme ich vom Spiel selbst überhaupt nichts mit. Aber das ist zweitrangig, dabeisein ist alles.

«Du Blindfisch, hau ab, du schwarzes Schwein!»

Auch wenn ich vom Geschehen auf dem Rasen nichts sehe, die Fouls entgehen mir nicht. Trotz des Gewühls schwenke ich tapfer meine Fahne und blase wie ein Irrer auf der Trillerpfeife; man gönnt sich ja sonst nichts.

Plötzlich: ein Erdbeben, das das Stadion erzittern läßt. Ein Tor für Werder! Alle Menschen um mich herum jauchzen, sie umarmen und küssen sich. Ob alt oder jung, Mann oder Frau, hübsch oder häßlich, ja, selbst ob Deutscher oder Ausländer – völlig egal! Nach all den Jahren der Einsamkeit umarmt mich wieder jemand! Es ist sogar ein Deutscher. Ja, so ein richtiger, mit blonden Haaren, blauen Augen, Bierbauch, einer Dose Bier in der Hand und Mundgeruch. Ein typischer Deutscher eben.

Oh, wie gut das tut! Oh, Allah, ich danke dir, daß du mir einen Deutschen geschickt hast, um mich zu umarmen! Ach, hätte meine Frau doch diesen Moment miterleben können. Sie mit ihren Zebras, die nicht mehr mit ihr sprechen. Die arme Frau aber auch! Im Überschwang der Gefühle umklammere ich den Dicken, der mich gerade herzhaft umarmt hat, und brülle ihm ins Ohr: «Weeeeerda, Weeeeerda!!!»

«Laß mich los, du Blödmann! Siehst du denn nicht, was unsere Abwehr da unten für einen Mist baut?»

Ich verschweige ihm, daß mich die Jungs auf dem Rasen eigentlich gar nicht interessieren. Ich bin überglücklich. Nach all den Jahren endlich vollwertiges Mitglied der deutschen Gesellschaft! Da sage noch einer, Fußball sei die schönste Nebensache der Welt. Ich werde ihn auf der Stelle erschießen. Fußball ist die schönste Hauptsache der Welt. Vorausgesetzt: Werder Bremen schießt die Tore.

Apropos Tore. Auf das nächste bereite ich mich gewissenhaft vor. Behutsam schiebe ich mich nach rechts in die Nähe einer Frau. Ich bete zu Allah, daß bald ein Tor fällt – aber bitte für Werder, damit ich wieder umarmt und geküßt werde. Diesmal dann von einer Frau … Etwas weiter rechts stehen drei weitere deutsche Frauen. Ich quetsche mich zu ihnen hindurch, um so beim eventuellen Tor meine Chancen, von einer deutschen Frau umarmt und geküßt zu werden, zu verdreifachen. Bei uns im Dorf beten die Menschen, daß es regnet. Hier bete ich, daß ein Tor fällt.

Vielleicht liegt es daran, weil ich im Freien bete, Allah jedenfalls erhört mich fast augenblicklich: Ein neues Erdbeben, mit einer Stärke von 6,8. Ich handle blitzschnell, doch umsonst. Andere waren schneller. Die Frauen sind bereits besetzt. Voller Freude küsse ich statt dessen den Glatzkopf neben mir.

«Weeeeerda, Weeerda!»

«Soooo ein Tag, so wunderschöööön wie heuuuuute!!»

Gleich morgen früh melde ich mich als Mitglied bei einem Sportverein an. Da gibt es keine Vorurteile. Da zählt nur die sportliche Leistung. Und lauter als ich kann keiner «Weeeeerda» schreien. Zusammen mit all den anderen um mich herum schwenke ich meine grün-weiße Fahne.

«So was hat man lange nicht geseeeeeehen, so schöööön, so schöööön!!»

Ich hab's doch immer gesagt: Man soll sich als Ausländer nicht abkapseln.

Dann, plötzlich, rollt ein Grollen durchs Stadion. Tausende brüllen: «Foooouuuul, Foooouul! Hau ihn platt, das Schwein! Raaaauuss!!»

Die drei Frauen hinter mir sind verschwunden. Die deutschen Jugendlichen um mich herum klatschen rhythmisch in die Hände, stampfen mit den Stiefeln und brüllen: «Aus-Länder Raaaauuss!!!»

Patsch, patsch, pata pata, patsch: «Aus-Länder Raaaauuss!!»

Nicht daß Sie jetzt meinen, diese Jugendlichen seien Ausländerfeinde. Geht gar nicht. Schließlich haben sie mich gerade noch herzlich umarmt und geküßt. Patsch, patsch, pata pata, patsch: «Aus-Länder Raaaauuss!!» Das sind gute Menschen. Das sehe ich sofort. Alles Sportler, die haben keine Vorurteile. Nein, das sind keine Ausländerfeinde. Daaaat, daaaat, dara dara, daaaat: «Aus-Länder Raaaauuss!!!»

Na und, wenn schon. Man sollte diesen netten, jungen Leuten mit ihren grünen Jacken und dem ordentlichen Haarschnitt kein Unrecht tun. Sie tragen keine Schuld. Sie sind die wahren Opfer. Ich werde nie vergessen, wie diese Menschen mich beim letzten Tor umarmt und geküßt haben.

Ich warte auf ein neues Erdbeben, wenn's geht, mit einer Stärke von 9,8, um die innige Freundschaft mit meinen neuen Kumpels zu vertiefen. Rhythmisch klatsche ich mit: Patsch, patsch, pata pata, patsch, und gemeinsam mit den anderen brülle ich: «Aus-Länder raaaauuss!!!»

‹O› wie Osman

«Hallo, hier spricht Hedwig Prizibilsky!»

«Ja, guten Tag, hier ist Osman Engin. Ich habe von einem Arbeitskollegen gehört, daß Sie seit einem halben Jahr eine Dachgeschoßwohnung freistehen haben. Und da wollte sich Sie mal so fragen …»

«Ostmann? Sagten Sie Ostmann?»

«Nein, nein. Ich bitte um Entschuldigung. Ich habe mich vielleicht nicht deutlich ausgedrückt, Frau Prizibilsky, mein Name ist Os-man! Osman Engin.»

«Holzmann, Holzmann-Erwin? Ich kenne gar keinen Erwin Holzmann. Oder vielleicht doch, ich kann mich überhaupt nicht daran erinnern.»

«Frau Prizibilzky, ich bin ganz Ihrer Meinung! Keine Wohnung sollte so lange freistehen. Deshalb möchte ich Sie höflichst bitten, mir zu sagen, wie hoch die Miete …»

«Höflich? Ich höre immer ‹höflich›! Ich finde es mehrmals unhöflich, daß Sie mir nicht Ihren Namen sagen. Unter zivilisierten Menschen ist das so üblich.»

«Entschuldigen Sie, das tut mir wirklich leid. Da habe ich doch glatt vergessen, meinen Namen zu nennen. Ich heiße Osman, Osman Engin, und weil ich gehört habe, daß Sie eine sehr schöne Wohnung …»

«Jetzt habe ich Ihren Namen endlich verstanden. Ich glaube, ich kenne Sie. Irgendwie kommen Sie mir bekannt vor, Herr Rossmann …»

«Nein, Osman …»

«Bitte, bitte, bitte nicht unterbrechen. Ich habe es gleich … Rossmann, Sie wohnen doch direkt neben dem Waschsalon!»

«Ich wohne im Waschsalon, wenn ich nicht bald eine neue Wohnung habe!»

«Im Waschsalon? Aber Herr Rossmann!!»

«Liebe Frau Prizibilsky, ich buchstabiere jetzt meinen Namen noch einmal: Also: ‹O›, wie, wie, wie: ‹O› wie Osman, und ich rufe an, weil ich wissen will, was mit der Wohnung ...»

«Ah, sagen Sie doch gleich. Jetzt fällt es mir wieder ein. Sie wollen das neue Telefon bringen. Sie sind der Postmann!»

(Du taube Nuß, du brauchst kein Telefon, du brauchst ein Hörgerät, aber mit 1000-Watt-Verstärker.)

«Gnädige Frau, es tut mir unendlich leid. Ich weiß, Sie haben lange auf Ihr Telefon gewartet. Ich muß Sie enttäuschen. Ich sehe vielleicht so aus, aber ich bin nicht der Postmann. Auch nicht der Milchmann. Aber ich kenne jemanden bei der Post. Wenn Sie wollen, kann ich meine Beziehungen spielenlassen.»

«Wenn Sie das neue Telefon nicht bringen wollen, was wollen sie dann eigentlich von mir, Herr Postmann?»

«Frau Prizibilsky, versuchen wir es andersrum. Gehen Sie doch mal vor die Tür, und halten Sie die ersten drei Schwarzhaarigen mit möglichst langem Schnurrbart an. Mit Sicherheit heißt einer von den dreien ‹Osman›.»

«Warum sagen Sie es dann nicht gleich. Sie sind von der Firma Osram, die Birne.»

«Nein, die Gurke. Bei Allah, ich heiße Osman. Schluchz ..., schluchz ..., Os-man!»

«Aber das ist doch kein Grund, traurig zu sein. Das kann doch jedem passieren, Herr Kloßmann.»

«Okay, Sie haben gewonnen: Ich heiße gar nicht Osman. Ab jetzt bin ich Ali. Wie Ali Baba und die 40 Räuber. Aber ich bin nur Ali, ohne Baba, und Räuber kenne ich auch keine.»

«Heinz Herbert, Liebling! Jetzt habe ich dich erkannt. Du willst mich nur wieder auf den Arm nehmen. Du Schlimmer. Fast hätte ich dir das geglaubt mit dem Ali Baba.»

«Verzeihen Sie bitte. Da liegt ein Mißverständnis vor. Ich bin noch nicht Ihr Liebling. Wir könnten es zwar mal probieren, nur meine Frau darf davon nichts erfahren. Wenn Sie wollen, können Sie mich ‹Osi› nennen. Das ist die Abkürzung von Osman.»

«Also, Herr Nußmann, ich weiß auch nicht. Sie gehen aber ran! Irgendwie haben Sie auch so einen komischen Akzent. Sind Sie vielleicht kein Deutscher?!!»

«Im Prinzip haben Sie nicht unrecht, Frau Prizibilsky. So was wie mich nennt man bei uns in der Türkei Deutschling. Aber können Sie mir bitte sagen, wie hoch die Miete sein soll für Ihre freie Woh…»

«Tuuuuuuut, tuuuuuuut, tuuuuuuut!!»

Mein Geburtstag

Mein Vater hat mir immer wieder eingebleut, daß man als Moslem keinen Geburtstag feiern soll. Das sei eine Erfindung der Ungläubigen. Mag sein, daß die langen Jahre in Deutschland auf mich abgefärbt haben. Mag sein, daß die vielen Geburtstagsfeiern im Betrieb bei mir einen bleibenden Eindruck hinterlassen haben.

Möglicherweise will ich auch nur etwas Luft durch die Gegend schmeißen. Wahrscheinlich wißt ihr nicht mal, was ‹Luftschmeißen› bedeutet. Das ist eine vornehme Umschreibung für Angeberei. Wie dem auch sei, ich habe auf jeden Fall beschlossen, in diesem Jahr ganz offiziell meinen Geburtstag zu feiern. Natürlich nicht den Tag, der bei mir im Paß steht. Das ist nur das Datum, an dem mein Vater, Monate nach meiner Geburt, seine Ernte in der Stadt verkauft hat und nachmittags Zeit fand, mich offiziell anzumelden.

Ich habe noch nie Geburtstag gefeiert. Bei uns sagt man: «Wenn Allah will, daß auch der arme Bauer mal seine Freude hat, dann läßt er ihn erst seinen Esel verlieren und später wiederfinden.» Ich freue mich so auf meine Geburtstagsparty wie der glückliche Bauer, der soeben seinen Esel wiedergefunden hat – und dazu noch so, als wenn ich gleichzeitig der Esel wäre.

Allen meinen Bekannten habe ich Bescheid gesagt. Sie wollen alle zur Party, warten nur noch auf den endgültigen Anruf von mir.

Wie toll das doch alles bei den Deutschen geregelt ist. Nach 50 Jahren wissen sie immer noch genau, an welchem Tag sie geboren wurden. Nicht so bei mir. Ich wurde nämlich am Tag des ersten Schneefalls in unserem Dorf in Anatolien geboren.

Das war das einzige Datum, das sich meine Eltern gemerkt haben. Und ich war immer sehr stolz darauf, denn den ersten Schnee hat schließlich nicht jeder. Unser Dorfpolizist Mustafa beispielsweise wurde geboren, als das schwarz gepunktete Kalb mit den zwei Köpfen zur Welt kam. Oder Mehmet, unser Dorffrisör, sein Geburtstag ist der Todestag seiner Mutter. Ein noch genaueres Datum gibt es bei uns nicht für einen Geburtstag. Ich darf also mit Recht stolz auf meinen Geburtstag sein: «Der Mann, der am Tag des ersten Schnees geboren wurde!»

Zumal es in unserem Dorf höchstens einmal in zehn Jahren schneit.

Welches Ereignis sich wohl meine Eltern gemerkt hätten, wenn es an dem Tag nicht zufällig geschneit hätte? Wahrscheinlich hätten sie die schwarze Katze von unserer Nachbarin mit der Eselskarre plattgefahren, um sich das dann als meinen Geburtstag zu merken: «Name: Osman Engin; Haarfarbe: Schwarz; Schnurrbartfarbe: Schwarz; Augenfarbe: Schwarz; Sockenfarbe: Schwarz; Zukunft: Schwarz; Geboren: An dem Tag, an dem sein Onkel Naci die schwarze Katze von Oma Nuriye bei Vollmond plattfuhr.»

Nein, das hört sich gar nicht gut an. Es hätte lediglich den Vorteil, daß ich meinen Geburtstag häufiger feiern könnte. Ich müßte dafür nur bei Vollmond eine schwarze Katze plattfahren. Es muß ja nicht jedesmal die von Oma Nuriye sein.

Sogar die zweitgrößte Nervensäge des Mittleren Orients hat ein genaueres Geburtsdatum als ihr Mann. Das bin ich, wenn Sie gestatten. Sie hat ihren Geburtstag auf den Tag genau neun Monate, nachdem sich ihre Eltern zum ersten Mal näher kennengelernt hatten. Das war der Tag, an dem sie heirateten und der Fluß über die Ufer getreten ist und niemand die andere Seite vom Dorf erreichen konnte. Genau zwei Tage zuvor hatte der alte Hoca damals in der Moschee behauptet, in jenem Jahr würde der Fluß nicht über die Ufer treten. Das war genau einen Monat, nachdem der erste Lehrer, den unser Dorf jemals gesehen hatte, endgültig wieder in die Stadt zurückfuhr. Denn nur acht Tage zuvor hatten die Leute im Dorf beschlossen, ihre Kinder nicht mehr in die Schule zu schicken. Weil der Unterricht ja doch nichts nützt bei der Feldarbeit. Und das war genau drei Tage vor Neumond. Bei Allah, ein so exaktes Geburtsdatum hätte ich auch gern gehabt.

Statt dessen warte ich bereits seit Monaten auf den ersten Schnee. Jeden Morgen stehe ich in freudiger Erwartung auf, schließlich könnte dies heute mein Geburtstag werden. Und abends gehe ich total enttäuscht ins Bett. Ich glaube, bei dem Ozonloch kann ich wohl lange warten. Aber durch mich ist dieses Gerücht, daß das Ozonloch schädlich sei, endgültig widerlegt worden. Dank Ozonloch werde ich ewig jung bleiben.

Wohnungsnot

Ich zeige meinem Arbeitskollegen Hüseyin den Stapel mit den Briefen von unserer Wohnungsbaugesellschaft. Woche für Woche bekomme ich solche «Liebesbriefe». Alle Briefe fangen mit dem gleichen Satz an: «Sehr geehrter Herr Engin, bereits vorige Woche, am 24. 10. 90, mußten wir Sie abmahnen, weil Sie Ihren Verpflichtungen aus dem Mietvertrag nicht nachgekommen waren. Uns liegt jetzt wieder ein Beschwerdeschreiben der übrigen Hausbewohner vor ...»

Hüseyin gerät ins Schwärmen. «Bei Allah, wie lieb müssen dich deine Nachbarn haben, daß sie dir jede Woche einen Brief schreiben! Meine deutschen Nachbarn grüßen mich nicht mal.»

Ich versuche Hüseyin darauf aufmerksam zu machen, daß ich diese Briefe keineswegs von unseren Nachbarn, sondern von der Wohnungsbaugesellschaft bekomme. Aber Hüseyin gerät immer mehr ins Schwärmen.

Fasziniert zieht er mit spitzen Fingern aus dem Berg von Briefen einen heraus, genauso wie die Leute im Fernsehen, wenn sie ein Auto verlosen.

Mit lauter Stimme liest Hüseyin den Brief vor: «Bereits vorige Woche, am 12. 7. 86, mußten wir Sie abmahnen, weil Sie Ihren Verpflichtungen aus dem Mietvertrag nicht nachgekommen waren. Uns liegt jetzt wieder ein Beschwerdeschreiben der übrigen Hausbewohner vor ...»

Haben die ein Glück, daß wir bereits im Computerzeitalter sind, denke ich mir. Den ganzen ersten Teil vom Brief holen die Leute aus dem Computer, nur der zweite muß ständig neu geschrieben werden. «... in dem sich darüber beklagt wird, daß

106

Sie am 16. 7. 86 ihre Wohnung renoviert haben und dabei um 18.37 Uhr mit einem Hammer dreimal laut hörbar gegen die Wand schlugen ...»

Hüseyin zieht noch einen weiteren Brief heraus, gerade so, als wolle er nun den zweiten Gewinner für ein Auto bekanntgeben. «... Uns liegt jetzt wieder ein Beschwerdeschreiben der übrigen Hausbewohner vor, in dem sich darüber beklagt wird, daß Sie am 8. 12. 87 um 15.47 Uhr durch türkische Musik in Ihrer Wohnung die übrigen Hausbewohner erheblich in ihrem Ruhebedürfnis beeinträchtigt haben ...»

Bemerkenswert bei diesem Brief ist, wer da alles unterschrieben hat. Unser Blockwart gibt sich richtig Mühe, das muß man ihm lassen. Auf seine alten Tage rennt er jede Woche einmal durch die Siedlung und sammelt Unterschriften gegen mich. Im Grunde eine begrüßenswerte Aktion, so viel Nachbarschaftsgeist im Wohnblock. Noch besser wäre es aber, wenn ausnahmsweise mal für was Sinnvolles Unterschriften gesammelt würden, beispielsweise für ‹bleifreies Katzenfutter›.

Hüseyin macht es anscheinend Spaß, fremde Briefe zu lesen. Denn schon wieder wühlt er mit seinem Arm in dem Berg von Briefen, als wollte er jetzt den Gewinner für eine Fernreise nach Beirut bekanntgeben. Genüßlich liest er den Brief laut vor: «Uns liegt wieder ein Beschwerdeschreiben der anderen Mieter vor, in dem beklagt wird, daß Sie es am 11. 3. 85 um 0.27 Uhr nachts im Bett mit Ihrer Frau so heftig getrieben haben, daß die Tassen im Regal eine Etage tiefer ...»

Ich reiße ihm den Brief aus der Hand. Was geht es ihn an, wann und wie ich es in der Nacht mit der zweitgrößten Nervensäge des Mittleren Orients treibe oder auch nicht. Dieser Beschwerdebrief hat damals tragische Folgen gehabt. Seitdem klappt es bei mir nicht mehr. Mein Hausarzt hat mir ein Spezialmedikament verschrieben, das bei sexuellen Schwierigkeiten helfen soll, die durch Beschwerdebriefe von Nachbarn verursacht werden. Ein Wunderwerk der Pharmaindustrie. Leider hat es bei mir nicht gewirkt. Was würde ich nicht alles geben, um endlich wieder einen Beschwerdebrief mit dieser Begründung zu bekommen. Um mir nichts anmerken zu lassen, mache ich nachts im Bett jetzt extra viel Lärm. Aber gemeinerweise taucht in den Beschwerdebriefen dieser Grund nicht mehr auf. Unsere Nachbarn, mit ihren Hörgeräten an der Wand, haben wohl gemerkt, daß ich sie reinlegen will. Die zweite Möglichkeit wäre, daß meine liebe Gattin unser süßes, kleines Geheimnis nicht für sich behalten hat.

Hüseyin hat bereits wieder einen Brief in der Hand und hält ihn mir vor die Nase. Die Höflichkeit meines Kollegen macht mich ganz verlegen.

«Von mir aus kannst du jetzt alles selber lesen. Das war der einzige Brief, den niemand sehen sollte.» Hüseyin schaut mich mißtrauisch an. Deswegen sage ich weiter: «Seitdem sind wir im Bett ganz leise. Das geht auch. Man muß es nur wollen und können», und zwinkere ihm weise und erfahren mit den Augen zu.

Aber ich kann sehen, was Hüseyin in Wirklichkeit denkt. «Du alter Angeber, du mußt schon froh sein, wenn du noch die Augenbrauen hoch bekommst.» Vielleicht denkt er gar nicht so schlecht von mir. Es ist möglich, daß ich mir alles nur einbilde. Ja, ja, so wird's sein!

«Wahrscheinlich ärgern sich deine Nachbarn, weil bei denen im Bett überhaupt nichts mehr läuft.»

Ich freue mich, daß Hüseyin keinen Verdacht geschöpft hat. Er liest den nächsten Brief laut vor. «... Uns liegt jetzt wieder ein Beschwerdeschreiben der anderen Mieter vor, in dem sich darüber beklagt wird, daß am 21. 10. 85 ihre sechs Monate alte Tochter Hatice um 19.16 Uhr sieben Minuten lang laut geweint hat, weil ihre Windeln naß waren. Dadurch wurden Ihre

Nachbarn in ihrem Ruhebedürfnis beeinträchtigt. Wegen Ihres vertragswidrigen Verhaltens mahnen wir Sie ganz energisch ab und fordern Sie auf, sich in Zukunft so zu verhalten, daß keine weiteren berechtigten Beschwerden an uns herangetragen werden ...»

«Wenn Hatice damals sechs Monate alt war, dann muß sie inzwischen sechs Jahre alt sein», rechne ich laut nach. Einerseits freut es mich, wie sehr unsere Nachbarn an unserem Familienleben durch die Wand teilnehmen. Die wissen ja besser als ich, wie alt meine Kinder sind. Andererseits verstehe ich nicht, wie sie trotz des lauten Hundegebells im ganzen Haus das Weinen von Hatice hören konnten.

Hüseyin hat sich schon wieder einen Brief gefischt und liest ihn laut vor. Ich kenne bereits den Inhalt der Beschwerde von nächster Woche.

«Ihr Arbeitskollege Hüseyin verlas am 3. 11. 90 um 21.33 Uhr die Beschwerdebriefe so laut, daß sich Ihre Nachbarn in ihrem Ruhebedürfnis beeinträchtigt fühlten.»

Ich flüstere ihm zu: «Hüseyin, lese die Briefe nicht so laut vor.»

«Gut, dann lese ich nur noch mit meiner inneren Stimme.»

«Deine innere Stimme können die bestimmt auch hören, lese doch nur mit den Augen.»

«Hoffentlich macht denen das Geräusch meiner Augen nichts aus», schreibt er ganz leise auf ein kleines Stück Papier und beginnt, den Brief zu lesen.

«Sehr geehrter Herr Engin, bereits vorige Woche, am 13. 9. 86, mußten wir Sie abmahnen, weil Sie Ihren Verpflichtungen aus dem Mietvertrag nicht nachgekommen waren. Uns liegt jetzt wieder ein Beschwerdeschreiben der anderen Mieter vor, in dem sie sich darüber beklagen, daß Sie am 18. 9. 86 Besuch hatten. Als diese Besucher um 20.23 Uhr das Haus verließen, waren im Treppenhaus lautstark türkische Schritte zu hören, wodurch sich die übrigen Nachbarn in ihrem Ruhebedürfnis stark gestört fühlten.»

«Hätten sich denn deine Nachbarn auch dann gestört gefühlt, wenn die Schritte ein deutsches Geräusch gemacht hätten?», fragt mich Hüseyin mit neugierigen Buchstaben.

«Das kommt ganz drauf an», antworte ich in rein wissenschaftlichen Buchstaben auf einem ganz ruhigen weißen Blatt Papier.

«Das ist auch der Grund», schreibe ich weiter, «warum ich kein eigenes Tagebuch führe. Dank meiner aufopferungsvollen Nachbarn bekomme ich seit Jahren Woche für Woche meine Memoiren von der Wohnungsbaugesellschaft zugeschickt. Diese guten Menschen, sie führen mein Tagebuch in kollektiver Zusammenarbeit und selbstloser Hingabe minutengenau! Aber ich habe Glück, daß unsere Nachbarn immer noch nichts davon mitbekommen haben, was in unserem Kinderzimmer seit neun Monaten los ist.»

Hüseyin starrt mit neugierigen Blicken zur Kinderzimmertür. Leise öffne ich die Tür und stelle ihm die polnisch-deutsch-türkische Aussiedlerfamilie Mehmetkowsky aus Ostpreußen vor, die mit ihren fünf Kindern bei uns zur Untermiete wohnt.

Der geheimnisvolle Brief

Als ich von der Arbeit nach Hause komme, ist meine Frau total aufgeregt.

Und läuft mit hochrotem Kopf wie ein aufgescheuchter Truthahn durch die Wohnung. Sollte sie etwa in ihrem 40. Lebensjahr noch Masern bekommen haben?

«Gute Besserung», rufe ich ihr zu und setze mich möglichst weit von ihr weg.

«Hattest du denn wenigstens schon die Windpocken, liebe Frau Gemahlin?»

«Oh, Osman, ich habe weder Windpocken noch Masern. Ich habe nur schreckliche Angst.»

Ich lasse mich in den Fernsehsessel fallen, lege die Beine auf den Tisch und blättere in der Fernsehzeitung. Nebenbei frage ich: «Was hast du denn, mein Täubchen? Ich bin doch da, dein starker Osi. Der Held deiner Träume.»

Mit zittrigen Fingern zieht sie einen Brief aus ihrer Schürze. Bereits beim Anblick des Briefumschlages ahne ich Übles, denn die Verwandten in der Türkei benutzen anderes Papier. Und auch bei der Autoversicherung haben sie nicht solche Briefumschläge. Dieses Papier riecht nach Polizei.

«Herr Engin, wir bitten Sie, sich am 16. 7. 90 im Zimmer 143 zu melden. Ausländerpolizei.»

Meine Hände zittern, mein Herz flattert. Meine Frau kann sich die Bemerkung nicht verkneifen und meint ironisch: «Na, Osman, hast du jetzt auch die Masern?»

Ich wäre froh, wenn ich bei solch einem Brief nur die Masern bekommen würde. Schlagartig erinnere ich mich an unseren Nachbarn Selim – Allah habe ihn selig. Bei dem stand das Herz für immer still nach solch einem Brief. Hastig massiere ich mein Herz und mache Atemübungen.

«Was ist denn los mit dir, Osman? Geht's dir nicht gut?»

«Nein, nein, nichts. Mir geht's blendend. Ich beuge nur vor.»

Früh gehe ich zu Bett, obwohl mir absolut klar ist, daß ich mit Sicherheit kein Auge zumachen kann. Nicht mal mein Hühnerauge.

Gleich am nächsten Morgen gehe ich mit meiner Frau zur Ausländerpolizei. Unser Frühstück haben wir ausfallen lassen. Ich hätte keinen Löffel Bohnensuppe herunterbekommen.

Obwohl wir sehr früh da sind, warten bereits sehr viele Leute auf den Fluren. Wir schieben uns durch die Menschenmassen und setzen uns vor Zimmer 143 auf den Fußboden. Meine Frau schaut mich immer wieder irritiert von der Seite an.

«Osman, warum hast du denn heute deinen Schnurrbart so komisch rasiert?»

Ich taste mein Gesicht ab. Bei Allah, was ist das? Wie konnte mir das nur passieren? Vor Aufregung habe ich mir heute morgen die eine Hälfte vom Schnurrbart abrasiert! Ich sehe aus wie eine Fliege, der die Kinder einen Flügel abgerissen haben.

Oh, Allah, warum bestrafst du deinen Lieblingssohn Osman so erbarmungslos? Was habe ich dir denn getan? War das Schaf, das ich dir zum Schlachtfest geopfert habe, nicht groß genug? Gib's zu, es wog mindestens 100 Kilo und war unverschämt teuer.

Was habe ich Böses getan? Erst dieser Brief von der Ausländerpolizei, dann diese Tragödie mit meinem Schnurrbart. Ich denke mir ein Gelübde aus:

Wenn ich aus dieser Katastrophe lebendig herauskomme, werde ich ein Schaf schlachten; nein, besser ein Kamel. Ein Schaf ist ihm ja nicht mehr gut genug.

«Frau, es könnte auch sein, daß mich diese Frau Nöllemeier angezeigt hat», sage ich leise.

«Warum denn?» fragt sie neugierig.

«Weil ich sie letzte Woche belästigt habe.»

«Wie hast du sie denn belästigt?»

«Ich habe ihr im Flur gesagt, na Süße, wie wäre es denn mit uns beiden?!»

«Na, dann seid ihr ja quitt!»

«Warum, wieso, mit wem?»

«Du und der Nöllemeier. Der Kerl macht das gleiche auch andauernd mit mir. Er kneift mir ständig in den Hintern.»

Das darf doch nicht wahr sein! Wenn ich hier lebend rauskomme, bringe ich den Kerl um, denke ich mir, aber freue mich trotzdem.

Aber vielleicht wollen die mich ja auch wegen der Gewerkschaft sprechen. Wäre ich doch bloß nicht vor zwei Jahren da eingetreten. Schon damals habe ich gedacht, daß so was nicht gut gehen kann. Zu allem Überfluß bin ich noch zur 1.-Mai-Demo gegangen. Schuld daran war in Wirklichkeit das schöne Wetter; nur wer glaubt einem so was?!

Alle meine Sünden schießen mir durch den Kopf. «Osman, vielleicht ist die Ausländerpolizei böse, weil wir unseren Urlaub immer in der Türkei bei unseren Verwandten verbringen. Ich schlage vor, daß wir dieses Jahr in den Harz oder in den Schwarzwald fahren und nicht an die türkische Riviera. Wenn die wollen, mache ich auch Badeurlaub an der Nordsee, mit den beiden letzten Robben.»

«Wieso, bist du mit denen verwandt?» frage ich. Weil mein Ende sowieso kurz bevorsteht, und weil die Frau alle meine Gedanken ohnehin lesen kann, will ich ihr auch noch meine größte Schuld beichten. Damit ich, wenn ich morgen früh bei Sonnenaufgang zum Galgen geführt werde, keine Gewissensbisse habe.

«Frau, ich muß dir was gestehen: vorigen Monat war ich im Bordell!! Ich habe eine so wundervolle Frau wie dich, und trotzdem treibt es mich ins Bordell. Ich bin ja so schlecht ..., so durch und durch verdorben.»

Hoffentlich macht sie nicht auf der Stelle mit dem Tomatenmesser Selbstmord, denke ich mir. Aber sie fragt ganz locker mit vollem Mund: «Wieviel hast du denn bezahlen müssen?»

«Einen Hunderter.»

«Einen Hunderter? Bei Allah, wofür? Was habt ihr gemacht?!»

«Einmal auf die Schnelle, ganz normal.»

«Wenn du mir jedesmal einen Hunderter geben würdest, dann bekämst du ein Programm geboten, so was hast du noch nie gesehen. Mit Kopfstand und allem!»

Also, meine Frau überrascht mich täglich aufs neue.

«Soweit kommt's noch, daß ich meine eigene Frau dafür bezahle.»

«Dann darfst du dich auch nicht darüber wundern, was du bekommst.»

«Aber in dem Kopfgeld, das ich deinem Vater bezahlt habe, war alles inklusive.»

«Das schon. Aber ohne Extras.»

Bei Allah, was ich von meiner langjährigen Ehefrau noch zu hören bekomme. Das ist unglaublich. Der Weltuntergang scheint nah zu sein. In dem Moment geht die Bürotür auf. Ich gehe mit flatterndem Herzen und angstschlotternd ins Zimmer 143. Die Beamtin hinter dem Schreibtisch schaut mich uninteressiert an: «Was du wollen?»

Ich will sie nicht enttäuschen und stelle mich sprachlich auf ihr Niveau ein. Und antworte in reinstem Tarzan-Deutsch: «Ich, Osman Engin. Du schicken Brief. Ich kommen. Jane und Chita warten draußen vor Tür. Huga, huga» und schlage mir auf die Brust.

«Engin ..., Engin ..., Osman? Hier ich haben deine Karte. Wir nix meinen dich. Wir wollen anderes Engin. Kollege Name verwechseln. Falsche Brief machen. Du gehen nach Haus!»

1

2

3

4

5

6

7

8

Frisch getaufte Läuse

Mein ältester Sohn will heiraten. Die Familie des Mädchens ist streng religiös. Aber nicht daß Sie meinen, die Familie bestehe aus fanatischen Moslems. Nein! Die Familie des Mädchens besteht lediglich aus fanatischen Katholiken. Das Mädchen heißt Helga und stammt aus Ostfriesland. Wenn der Vater von Helga in ein fremdes Land fliegt, dann küßt er sofort den Boden. Nein, nein, jetzt denken sie wieder was Falsches. Helga ist nicht die Tochter von Papst Johannes Paul dem Zweiten. Obwohl sie fast genausoviel in Urlaub fährt wie er.

Ich fasse zusammen: Mein Sohn Recep will ein Mädchen aus Ostfriesland heiraten. Die Unglückliche heißt Helga. Sie ist nicht die Tochter vom Papst, obwohl ihr Vater kirchlich anerkannter Bodenküsser ist. Ich habe im Prinzip nichts dagegen, daß mein Sohn eine Christin heiraten will. Religion, Rasse und Nationalität spielen bei einem gebildeten Menschen wie mir keine Rolle. Ich bin der geborene Weltmensch. Ich lege keinen Wert auf Äußerlichkeiten bei meinen Mitmenschen. Hauptsache, sie haben genug Geld.

Herr Schulz hat auch nichts dagegen, daß seine Tochter meinen Sohn heiratet. Auch bei ihm spielen Religion, Nationalität und Rasse selbstverständlich keine Rolle. Sein einziger Wunsch ist, daß mein Sohn Recep auf der Stelle Christ wird, seinen türkischen Namen gegen einen germanischen tauscht und sich seinen Schnurrbart gelb färbt.

Wenn es weiter nichts ist! Nichts leichter als das. Ich schreibe auch meinen Eltern in der Türkei, daß ihr Enkel Recep eine deutsche Frau heiratet. Drei Tage später wird er mit seinem frisch lackierten Schnurrbart zum Christen ernannt. Mit allem, was dazugehört. Er muß lateinische Sätze nachsprechen, die wir nicht verstehen.

Weil Recep sich verzweifelt wehrt, sind gleich fünf Priester im Einsatz, um seinen Kopf in das Taufbecken zu stecken. Während die Priester meinem Sohn die Haare ohne anständiges Shampoo waschen, fragt ihn meine jüngste Tochter:

«Mein Herr, wollen sie färben oder Dauerwelle? Oder sollen nur die Läuse ersäuft werden?» Natürlich erhält Recep einen neuen Namen: Rudi. Danach wird er mit Kruzifix am Hals, nassen Haaren, neuem Namen und toten Läusen kirchlich getraut.

Kaum sind Recep und Rudi verheiratet ..., ich meine Rudi und Helga verheiratet, kommt der Brief von den Großeltern aus der Türkei.

Mein Vater hat selbstverständlich nichts gegen eine Heirat seines Enkels mit einer deutschen Frau. Sie muß lediglich den islamischen Glauben annehmen, einen türkischen Namen bekommen und Kopftücher tragen. Und heiraten sollen sie auch nicht in Deutschland, sondern in der Türkei. Mit allen religiösen Ritualen, die dazugehören. Ich schreibe meinem Vater natürlich nicht, daß die beiden längst verheiratet sind. Und erst recht nicht, daß mein Sohn Recep Christ geworden ist. Ein ganz moderner Christ. Mit schwarzen Haaren, gelbem Schnurrbart und chronischer Erkältung. Mein Vater würde Recep-Rudi sofort verstoßen und mich gleich hinterher. Als kostenlose Zugabe auch noch die zweitgrößte Nervensäge des Mittleren Orients.

Deshalb nehme ich zwei Wochen Urlaub. Wir fahren mit der gesamten Familie, einschließlich der neuen deutschen Schwiegertochter, in die Heimat. Noch am Abend unserer Ankunft bekommt Helga von einem echten Hodca den wahren Glauben verpaßt. Meine Mutter bindet ihr ein Kopftuch um – mit großen, roten Rosen drauf. Die Schwiegertochter muß arabische

Wörter nachsprechen, die wir nicht verstehen. Aus ihrem Namen Helga machen sie Hülya. Aber im Gegensatz zu Recep wird sie nicht gezwungen, ihren Schnurrbart umzufärben.

Vor der Hochzeit war der eine Moslem, die andere Christ. Jetzt ist alles anders. Die Verhältnisse haben sich total geändert. Jetzt ist der eine Christ und die andere Moslem. Am Anfang hießen sie noch Recep und Helga. Jetzt heißen sie Rudi und Hülya.

Es ist kaum zu glauben, selbst mit diesen Namen wurden sie glücklich. Und wenn sie nicht gestorben sind, dann leben sie noch heute.

Deutsch-türkische Freundschaft

«Papa, telefonda bir Alman var», ruft meine Tochter und trommelt gegen die Toilettentür.

In dieser Bude hat man nicht mal auf dem Klo seine Ruhe, fluche ich. Aber blitzschnell habe ich die Hose wieder oben, denn ich will natürlich wissen, welcher Deutsche bei uns anruft.

«Hier Osman Engin, mit wem spreche ich?»

«Hallo Osman, alter Kumpel, hier ist Hans. Wir sind aus dem Urlaub zurück!»

«Mensch Hans, das ist ja prima, daß du anrufst. Wie war es denn in der Türkei?»

«Ganz toll, Osman, genau wie du erzählst hast. Wir haben phantastische Dias gemacht, wenn ihr Zeit habt, dann kommen Petra und ich heute abend vorbei und zeigen sie euch.»

«In Ordnung Hans, wir erwarten euch um acht.»

Als ich den Hörer auflege, strahlt mich meine Frau an: «Ich freue mich, daß Hans und Petra uns besuchen. Dann muß ich aber heute was Besonderes kochen.»

«Ja», sage ich stolz, «es ist schön, daß wir von unseren deutschen Nachbarn so gut akzeptiert werden.»

«Ruf doch bei Ahmet und seiner Frau an und erzähl denen, daß wir heute abend deutsche Gäste bekommen. Aber laß dir nicht anmerken, daß du deswegen anrufst.»

«Mach' ich. Wenn du auch noch Frau Sevim anrufst, dann weiß es morgen jeder», freue ich mich. Während ich Ahmets Nummer wähle, bemerke ich, mit welch guter Laune meine Frau heute den Staub abwischt.

«Du, Ahmet», sage ich am Telefon, «wir haben heute abend

deutsche Gäste! Aber erst mal einen guten Tag, wie geht es euch? Hans und Petra kommen heute.»

«Ihr seid aber Glückspilze», klingt es aus dem Hörer, «die besuchen euch aber häufig!»

«Ja, leider», stöhne ich, «die tun so, als wenn ich auch ein Deutscher wäre.»

«Freu dich doch, Osman! Das Glück, so oft von Deutschen besucht zu werden, hat nicht jeder!»

Ganz leise flüstere ich in die Muschel: «Du, ehrlich gesagt, so oft will ich gar nicht von denen besucht werden. Aber die sind anscheinend ganz verrückt nach uns!»

«Osman, ich beneide dich», sagt Ahmet bewundernd.

«Mußt du eigentlich immer so viel angeben?» knurrt meine Frau eingeschnappt, nachdem ich den Hörer aufgelegt habe.

«Wennschon, dennschon, ich konnte mich nicht zügeln.»

Die Stunden kamen mir wie Jahre vor, bis unsere deutschen Gäste endlich da waren.

Als Hans vor der Tür stand, umarmten wir uns leidenschaftlich.

«Allah sei Dank, Hans, Dank dem Allmächtigen, der uns wieder zusammengeführt hat», rufe ich begeistert, während ich seine Wangen küsse. Meine Frau umarmt Petra so heftig, daß sie im Gesicht blau anläuft. Meine kleine Tochter Hatice kommt angelaufen und ruft auf türkisch: «Willkommen, Onkel Halil!»

«Was meint deine kleine, liebe Tochter?»

«Sie sagt Willkommen, Onkel Hans», übersetze ich.

«Also, die Türkei hat mir sehr gut gefallen, Osman, muß ich sagen. Es ist alles so ganz anders als bei uns in Deutschland. Wie soll ich sagen ... ich meine so asiatisch. Und dann diese Gastfreundschaft. Kaum zu glauben. Wir sind überall herzlich empfangen worden.»

«Ihr könnt euch gar nicht vorstellen, wieviel Dias Hans gemacht hat», ruft Petra, «da gibt's massenweise Ruinen, ein Kunstwerk nach dem anderen. Und unglaublich viele Türken.»

«Ja, 60 Millionen, alles Gastarbeiter», sage ich und helfe Hans, den Projektor aufzubauen.

Gemeinsam sehen wir uns die Dias an.

Herrliche Bilder:

Die Bosporusbrücke
Blaue Moschee in Istanbul
Hans mit Turban vor Moschee
Hans ohne Turban vor Moschee
Petra mit Kopftuch vor Moschee
Petra ohne Kopftuch vor Moschee
Petra auf dem Bazar
Hans kauft Tomaten
Petra kauft Zwiebeln
Ein echtes Kamel
Hans neben dem Kamel
Hans auf dem Kamel
Hans und Petra auf dem Kamel
Hans und Petra unter dem Kamel

«Bei Allah, welch aufregenden Urlaub habt ihr gemacht! Aber wollt ihr nicht zum Essen in die Küche kommen, sonst wird alles kalt», sagt meine Frau.

Petra lacht, als sie sieht, daß Frikadellen und Reis auf dem Tisch stehen. «Ja, so war das auch immer in der Türkei. Ihr Türken eßt ja auch abends warm, wie schön.»

Mit vollem Mund erzählen Hans und Petra von der Türkei. «... also diese türkischen Händler sind wirklich ganz schön gerissen. Auf dem Bazar wollte mir jemand eine Halskette für zehntausend Lira andrehen. Aber ich habe ihn bis auf hundert Lira runtergehandelt.»

Meine kleine Tochter ruft auf türkisch dazwischen: «Aber dann bist du ja noch gerissener, Onkel Halil.»

«Sie meint, du kannst aber auch gut handeln, Onkel Hans», übersetze ich wieder. In dem Augenblick sehe ich, wie ihre Mutter sie in die Beine kneift.

«Auaaa», schreit sie.

«Hast du Bauchweh, meine Tochter?» frage ich.

«Bestimmt», antwortet meine Frau. Gleich nach dem Essen stecke ich eine Videokassette in den Recorder.

Ein typisches Liebesdrama: wer bei einem solchen Film nur zwei Taschentücher vollheult, muß ein Herz aus Stein haben. Ich war schon beim dritten Taschentuch, da unterbricht mich meine Tochter: «Vati, du brauchst den beiden doch nicht jedes Wort zu übersetzen, die verstehen ohnehin alles!»

«Hatice, mein Kind, nicht jeder, der schon mal in der Türkei Urlaub gemacht hat, kann fließend türkisch!»

«Aber er hat mehr Taschentücher verbraucht als du.»

Plötzlich schreit meine Frau auf türkisch: «Neeiiiin!»

«Neeiiiin», schreit Petra auf deutsch.

Der Videofilm ist wirklich nervenzerfetzend: Der Kerl, der die bildhübsche Hauptdarstellerin vor zwei Monaten heimlich auf die Wange geküßt hat, will sie trotzdem nicht sofort heiraten!

«Neeiiiin», schreit meine Frau, diesmal aus Versehen auf deutsch.

«Neeiiiin», schreit Petra, aus Versehen diesmal auf türkisch. Der Bursche in dem Film behauptet allen Ernstes, ein Kuß auf die linke Wange stelle noch keinen Heiratsgrund dar.

Unsere Frauen sind einer Ohnmacht gefährlich nahe, als der Kerl sagt, daß er einen mittleren Harem haben müßte, wenn er jede heiraten würde, die er mal geküßt hat.

«Hans, deine Frau legt aber auch sehr großen Wert auf Ehre, genauso wie eine Türkin.»

«Ja», antwortet Hans, während er mit einem handtuch-
großen Taschentuch geräuschvoll seine Nase putzt, «sehr!»

«Das ist der Beweis gegenseitiger Integration», unterstreiche
ich betont würdevoll.

«Kannst du mal den Film kurz stoppen», meint Petra mit
verknoteten Beinen, «ich muß mal aufs Klo!»

«Genehmigt, Viertelstunde Toilettenpause.»

Die Viertelstunde nutzt jeder auf seine Art. Die einen gehen
aufs Klo, die anderen besorgen sich neue Taschentücher.

Als alle Videofilme angeguckt, der ganze Tee ausgetrunken, alle
Augen verheult und alle Taschentücher triefend naß sind, stehen unsere deutschen Gäste auf, um nach Hause zu gehen.

Der Abschied spielt sich noch dramatischer ab als die Begrü-
ßung, weil wir alle durch die Videofilme emotional aufgeladen
sind.

«Hans, bitte verlaß uns nicht», flehe ich ihn an, mit Tränen
in den Augen.

«Osman, wir kommen ja wieder», sagt er, während er sich
an meiner Schulter ausweint.

Aber das Schicksal läßt sich nicht aufhalten: Hans und Petra
verlassen unser Heim. Vor der Haustür kehrt Hans noch mal
um und flüstert mir ins Ohr: «Osman, nächste Woche kommt
ihr aber als deutsche Gäste zu uns, abgemacht? Fatma meint,
wir haben auch schon lange keine deutschen Gäste mehr gehabt.»

Ich schaue ihm ganz tief in die Augen:

«Ist in Ordnung, Halil, wir kommen nächste Woche. Dann
spielen wir die deutschen Gäste!»

Das Programm für den Norden
immer mit der neuesten Osman Engin-Satire

BREMER
die Stadtillustrierte

Humboldtstr. 56, Postfach 10 67 65, 2800 Bremen 1
Telefon 0421-7 30 46 • Fax 0421-7 55 57